Jo Boaler

Mente sin límites

Aprendizaje sin fronteras

Traducción del inglés de Fernando Mora

Título original:
LIMITLESS MIND

Limitless Mind. Learn, Lead, and Live Without Barriers
© 2019 by Jo Boaler
Published by arrangement with HarperOne,
an imprint of Harper Collins Publishers

© de la edición española:
2020 by Editorial Kairós, S.A.
www.editorialkairos.com

© Traducción del inglés al castellano: Fernando Mora
Revisión: Alicia Conde

Primera edición: Enero 2020
ISBN: 978-84-9988-746-3
Depósito legal: B 210-2020

Fotocomposición:
Grafime. Mallorca 1. 08014 Barcelona

Tipografía: Interstate, cuerpo 9,5, interlineado 14 para el texto
y Caecilia para los títulos y subtítulos

Diseño cubierta: Editorial Kairós
Imagen cubierta: majcot, 123RF.com
Impresión y encuadernación:
Litogama. 08004 Barcelona

Mente
sin límites

Dedico estas páginas a todas las personas entrevistadas para el libro, quienes me abrieron su corazón y compartieron conmigo su viaje. Sin vosotros, no podría haber escrito este libro.

También dedico el libro a mis dos estupendas hijas, Jaime y Ariane. Gracias por ser.

SUMARIO

INTRODUCCIÓN
LAS SEIS CLAVES

ERA UN SOLEADO DÍA Y ME DETUVE A APRECIAR la luz jugando entre las columnas del museo de San Diego al que acudí a efectuar mi presentación. Me sentía un tanto agitada y nerviosa mientras subía las escaleras del auditorio dispuesta a compartir, con una sala abarrotada de profesionales de la medicina, los descubrimientos científicos más recientes acerca de la forma en que tiene lugar el aprendizaje. Aunque hablaba regularmente delante de padres y profesores, no estaba segura de cómo reaccionaría ante mis últimos descubrimientos un público distinto. ¿Estarían mis ideas condenadas al fracaso?

Sin embargo, no tenía motivos para preocuparme. La respuesta del grupo de profesionales médicos fue la misma que la de los numerosos estudiantes y educadores con los que trabajo regularmente. La mayoría se sintieron sorprendidos, algunos de ellos conmocionados, pero todos apreciaron de inmediato las importantes conexiones de estas ideas con su trabajo y con su vida. Varios incluso empezaron a percibirse a sí mismos desde una nueva perspectiva. Sara —que era terapeuta ocupacional— se me acercó para contarme cómo abandonó sus estudios de matemáticas hacía muchos años, cuando las tareas empezaron a complicarse y sentía como si no perteneciese a ese ámbito. Ella evocó una experiencia en la que se vio frenada por creencias perjudiciales e incorrectas relacionadas con sus aptitudes, pensando, como le ocurre a la mayoría de la gente, que había límites a lo que podía conseguir en este sentido.

Pero ¿qué ocurre si lo cierto es precisamente lo contrario y todos somos capaces de aprender cualquier cosa? ¿Y si las posibilidades de cambiar nuestra experiencia, de desarrollarnos en nuevas direcciones, de conformar una identidad diferente como persona son realmente inagotables y prosiguen a lo largo de toda nuestra vida? ¿Y si a lo largo de cada uno de los días de nuestra vida el cerebro no deja de cambiar? En este libro, compartiremos la evidencia de que nuestro cerebro —y nuestra vida— es sumamente adaptable, y de que, cuando la gente asume plenamente este conocimiento y modifica el enfoque de su vida y de su aprendizaje, se derivan resultados extraordinarios.

Casi todos los días conozco a personas —de todas las edades, géneros, trabajos y condiciones sociales— que alimentan ideas perjudiciales acerca de sí mismas y de sus posibilidades de aprendizaje. Es habitual que muchas de ellas me digan que les gustaban las matemáticas, el arte, el inglés o cualquier otra asignatura, pero que, en el momento en que empezaron a experimentar dificultades, decidieron que su cerebro no era adecuado para llevar a cabo ese tipo de tarea y se dieron por vencidos. Cuando la gente abandona las matemáticas, también renuncia a las materias relacionadas con ellas, como ciencias, medicina y tecnología. De modo parecido, cuando alguien cree que no puede llegar a ser escritor, desecha todos los temas relacionados con las humanidades. Y, si una persona concluye que no está dotada para el arte, renuncia a la pintura, la escultura u otras disciplinas vinculadas a las bellas artes.

Cada nuevo curso, millones de niños inician la escuela entusiasmados con todo lo que van a aprender, pero no tardan en desilusionarse al darse cuenta de que no son tan «inteligentes» como algunos de sus compañeros. Por su parte, también son muchos los adultos que deciden no persistir en la especialización que deseaban seguir porque piensan que no son lo bastante buenos para ello, o que no son tan «inteligentes» como otras personas. Miles de empleados acuden a reuniones en sus centros de trabajo ansiosos ante la perspectiva de terminar viéndose descubiertos y expuestos por no «saber lo suficiente». Estas creencias restrictivas y dañinas no solo proceden de nuestro interior, sino que también son, por lo general, provocadas por mensajes incorrectos transmitidos por otras personas y por instituciones educativas. He conocido a tantos niños y adultos cuyas vidas se hallaban limitadas por ideas erróneas que he decidido que ya es hora de escribir un libro que disipe los mitos perjudiciales que a diario frenan a la gente. Ha llegado el momento de ofrecer un enfoque diferente de la vida y del aprendizaje.

Un gran número de personas reciben, de parte de los profesores o de los padres, el mensaje directo de que no están dotadas para las «matemáticas», el «inglés» o el «arte». En su intento de ayudarles, los adultos les dicen a los jóvenes estudiantes que un tema en particular no es «adecuado para ellos». Y, aunque esto les ocurre a algunos cuando son niños, en otros casos, es algo que sucede posteriormente en la vida, cuando acceden a los estudios universitarios o llevan a cabo una entrevista para su primer trabajo. Pero, si bien hay personas a las que se les transmiten directamente mensajes negativos sobre su potencial, otras, en cambio, lo asumen a partir de ideas culturalmente arraigadas, relativas a lo que algunos pueden conseguir mientras que otros no.

Cuando revisemos los avances científicos y las seis claves del aprendizaje que presentaremos en este libro, nuestro cerebro empezará a funcionar de manera diferente y cambiaremos como personas. Estas seis claves no solo modifican nuestras creencias acerca de la realidad, sino también la misma realidad. Esto se debe a que, en la medida en que comenzamos a cobrar conciencia de nuestro potencial, desbloqueamos partes de nosotros mismos que se habían visto limitadas y comenzamos a vivir sin creencias restrictivas; nos tornamos capaces de abordar los desafíos mayores y menores que afrontamos en la vida para transformarlos en logros. Aunque las implicaciones derivadas de los nuevos avances científicos son importantes para todos nosotros, las posibilidades creadas por esta nueva información tienen en especial gran repercusión para profesores, líderes y estudiantes.

Soy profesora de educación en Stanford y he invertido los últimos años colaborando con neurocientíficos y aplicando los datos de sus investigaciones sobre neurociencia a mis conocimientos referentes a la educación y el aprendizaje. Comparto regularmente los conocimientos novedosos que contiene el presente libro e invito a la gente a abordar de modo distinto los problemas, lo cual también contribuye a cambiar la manera en que se ven a sí mismos. Durante los últimos años, me he centrado en las matemáticas, la asignatura que es objeto de las ideas más perjudiciales por parte de profesores, estudiantes y padres. La creencia de que la competencia matemática (así como muchas otras capacidades) es algo inalterable constituye, en gran medida, la razón por la cual el miedo a las matemáticas se halla tan extendido en Estados Unidos y en el resto del mundo. Son muchos niños los que crecen con la idea de que las personas son o no son aptas para las matemáticas. Y, cuando empiezan a tener dificultades en este sentido, asumen que no lo son. A partir de ese momento, cualquier problema en este ámbito se convierte en un nuevo recordatorio de su supuesta incompetencia. Y esto es algo que afecta a millones de personas. Un estudio puso de manifiesto que el 48% de los adolescentes que participaban en un programa de formación laboral experimentaban ansiedad hacia las matemáticas,[1] mientras que otras investigaciones han constatado que cerca del 50% de los alumnos que asisten a cursos preparatorios de matemáticas en la universidad también padecen el mismo tipo de ansiedad.[2] Es difícil saber cuánta gente en nuestra sociedad alberga ideas negativas acerca de su capacidad matemática, pero yo calculo que la cifra alcanza por lo menos a la mitad de la población.

Los investigadores saben ahora que, cuando las personas aquejadas de ansiedad matemática afrontan tareas numéricas, se activa un centro cerebral relacionado con el miedo, el *mismo* centro que se activa cuando vemos serpientes o arañas.[3] A medida que el centro cerebral del miedo se pone en funcionamiento, disminuye también la actividad en los centros cerebrales dedicados a la resolución de problemas. No es de extrañar que sean tantas las personas que no rinden adecuadamente en matemáticas, ya que, tan pronto como se ponen nerviosas por ese motivo, su cerebro se ve seriamente comprometido. La ansiedad en cualquier área temática tiene un impacto negativo en el funcionamiento cerebral. Por eso, es fundamental que cambiemos los mensajes que se transmiten a los alumnos sobre su capacidad y que eliminemos de la educación y los hogares las prácticas educativas que generan ansiedad.

No nacemos con habilidades fijas, y aquellos que rinden al máximo no lo hacen debido a su dotación genética.[4] El mito de que nuestro cerebro es inalterable y de que sencillamente carecemos de la capacidad adecuada para determinados temas no solo es científicamente incorrecto, sino que su omnipresencia impacta de forma negativa tanto en la educación como en muchas otras facetas de nuestra vida cotidiana. Pero, cuando abandonamos la idea de que nuestro cerebro es fijo, dejamos de creer que la genética determina el curso de nuestra vida. El hecho de aprender que el cerebro es increíblemente adaptable resulta liberador. El conocimiento de que, cada vez que aprendemos algo, nuestro cerebro cambia y se reorganiza proviene de la que es, posiblemente, la investigación más importante de esta década, es decir, la investigación sobre la plasticidad cerebral, también conocida como neuroplasticidad.[5] Compartiré la evidencia más convincente sobre este tema en el próximo capítulo.

Cuando señalo a los adultos −a menudo profesores y educadores− que debemos rechazar las nociones referentes al pensamiento fijo y, en su lugar, considerar a todos los alumnos como personas capacitadas, esos adultos invariablemente terminan hablándome de su propia época estudiantil. Casi todos evocan su experiencia y caen en la cuenta de la forma en que ellos mismos se vieron limitados y coartados. Todos hemos estado completamente inmersos en el mito dañino de que algunas personas son inteligentes −tienen un talento o una inteligencia especial−, mientras que otras no, y estas ideas han dado forma a nuestra vida.

Sin embargo, sabemos ahora que las creencias referentes a los límites del potencial o la inteligencia son incorrectas, aunque, desafortunadamente, sean sumamente persistentes y estén muy extendidas en muchas sociedades de todo el mundo. La buena noticia es que, cuando desafiamos estas creencias, obtenemos resultados extraordinarios. En este libro, refutaremos estas nociones tan arraigadas y peligrosas y sacaremos a relucir las oportunidades que se nos presentan en el caso de que adoptemos un enfoque ilimitado, un enfoque que empieza con el conocimiento aportado por la neurociencia y que se extiende hasta abrazar una perspectiva diferente de las ideas y de la vida.

El descubrimiento original de la neuroplasticidad tiene décadas de antigüedad, y los estudios innovadores que han mostrado el crecimiento y el cambio cerebral –tanto en niños como en adultos– están bien consolidados.[6] Sin embargo, en su mayor parte, la ciencia no ha llegado todavía a las aulas, las salas de juntas ni los hogares, como tampoco se ha visto reflejada en las muy necesarias ideas relacionadas con el aprendizaje que compartimos en este libro. Por fortuna, existen algunos pioneros que han investigado sobre los cambios cerebrales y que se han ocupado de difundir la noticia. El psicólogo sueco Anders Ericsson es una de esas personas. La primera vez que constató la increíble capacidad del cerebro para crecer y cambiar no fue a partir de la neurociencia, que era un campo emergente en esa época, sino gracias a un experimento que llevó a cabo con un joven atleta, un corredor llamado Steve.[7]

Ericsson se propuso estudiar los límites de la capacidad de las personas para memorizar una serie aleatoria de números. Un estudio publicado en el año 1929 evidenció que la gente podía mejorar su capacidad de memoria. Aquellos primeros investigadores lograron entrenar a una persona para que memorizara trece dígitos aleatorios, mientras que otro sujeto memorizó quince. Ericsson tenía curiosidad por averiguar qué era lo que hacía que la gente mejorase en ese sentido, así que reclutó a Steve, a quien describió como un estudiante universitario promedio de Carnegie Mellon. El primer día que Steve comenzó a trabajar con los investigadores en la memorización de los números, su desempeño fue exactamente el promedio: fue capaz de memorizar siete dígitos –a veces ocho– de modo consistente. A lo largo de los cuatro días siguientes, Steve fue mejorando hasta llegar a los nueve dígitos.

Entonces sucedió algo extraordinario. Cuando Steve y los investigadores creían que había alcanzado su límite, se las arregló para romper el «techo» y memorizar diez números, dos más de lo que parecía posible. Ericsson describe esto como el principio de lo que se convirtieron en los dos años más sorprendentes de su carrera. Steve siguió mejorando de manera constante hasta que pudo memorizar con éxito una serie de 82 dígitos aleatorios. No hace falta añadir que esta hazaña portentosa no fue el resultado de ningún truco de magia, sino que se trataba de un estudiante universitario promedio que había desbloqueado su potencial de aprendizaje para lograr una proeza poco común y bastante impresionante.

Años después, Ericsson y su equipo llevaron a cabo el mismo experimento con una participante distinta, llamada Renee. Ella comenzó, al igual que Steve, mejorando su memoria más allá del nivel de una persona carente de entrenamiento, aprendiendo a memorizar aproximadamente veinte dígitos. Luego, sin embargo, dejó de progresar y, después de otras cincuenta horas de entrenamiento sin mejoría alguna, abandonó el experimento. Esto hizo que Ericsson y su equipo se lanzasen a una nueva investigación: averiguar por qué Steve había logrado memorizar muchos más dígitos que Renee.

Aquí es donde Ericsson comenzó a aprender más sobre lo que él llamó la «práctica deliberada». Se dio cuenta de que la afición de Steve a correr lo había convertido en una persona altamente competitiva y motivada. Cada vez que llegaba a lo que parecía un tope, desarrollaba nuevas estrategias para tener éxito. Por ejemplo, cuando tropezó con la barrera de los 24 dígitos, desarrolló la nueva estrategia de agrupar los números en cuatro cadenas de cuatro dígitos. Y, a intervalos regulares, Steve fue desarrollando nuevas estrategias.

Este abordaje ilustra un punto de partida clave: cuando tropezamos con una barrera, es aconsejable desarrollar un nuevo enfoque y abordar el problema desde una nueva perspectiva. A pesar de lo lógico que nos parezca lo anterior, muchos de nosotros fracasamos a la hora de reajustar nuestro pensamiento cuando encontramos obstáculos. A menudo decidimos, en cambio, que no podemos superarlos. Ericsson, que ha estudiado el rendimiento humano en muchas áreas, concluye lo siguiente: «Es sorprendentemente raro, en cualquier campo, obtener una evidencia clara de que una persona haya alcanzado algún límite infranqueable en su desempeño. En cambio, he descubierto que, muy a menudo, la gente se rinde y deja de intentar mejorar».[8]

Los escépticos que lean esto —y concluyan que la extraordinaria proeza memorística de Steve significa que, de alguna manera, era alguien excepcional o dotado— deben saber más cosas. Ericsson repitió el experimento con otro corredor llamado Dario. Dario memorizó incluso más números que Steve, más de cien. Aquellos que estudian proezas notables realizadas por personas aparentemente normales constatan que ninguna de esas personas tiene una ventaja genética; en cambio, invierten mucho esfuerzo y práctica. Las creencias acerca de la dotación genética no solo son erróneas, sino también peligrosas. Y, sin embargo, muchos de nuestros sistemas educativos se basan en un modelo de aptitudes fijas, limitando el potencial de los alumnos e impidiendo que obtengan logros considerables.

Las seis claves del aprendizaje que comparto en este libro crean oportunidades para que las personas sobresalgan en el aprendizaje de diferentes materias, pero también los empoderan para abordar la vida de manera distinta, permitiéndoles acceder a zonas de sí mismas que antes quedaban fuera de su alcance. Antes del viaje que expondré en este libro, creía que el conocimiento acerca de la ciencia del cerebro y del enfoque ilimitado cambiarían el modo en que los educadores abordan la enseñanza y el aprendizaje de las materias escolares. Pero, a lo largo de las entrevistas que he realizado para este libro —a 62 personas de diferentes edades, trabajos y circunstancias vitales de seis países distintos–, he descubierto que el enfoque ilimitado significa mucho más que eso.

Carol Dweck, colega mía en Stanford, es una mujer que ha efectuado grandes aportaciones para cambiar las creencias que tiene la gente sobre lo que son capaces de hacer. La investigación de Dweck revela que la manera en que pensamos acerca de nuestros talentos y habilidades impacta de manera profunda en nuestro potencial.[9] Algunas personas tienen lo que ella denomina una «mentalidad de crecimiento». Creen, como es obvio, que son capaces de aprender cualquier cosa. Hay otros, en cambio, que tienen una «mentalidad fija» negativa, y consideran que su inteligencia es más o menos inalterable y que, si bien pueden aprender cosas nuevas, no pueden cambiar su inteligencia básica. Como ha demostrado Dweck tras décadas de investigación, estas creencias condicionan el alcance de lo que aprendemos y el modo en que desarrollamos nuestra vida.

Uno de los importantes estudios efectuado por Dweck y sus colaboradores tuvo lugar en distintas clases de matemáticas en la Universidad de Columbia[10] y permitió a los investigadores constatar la gran relevancia de los estereotipos: las chicas recibían el mensaje de que no eran aptas para esta disciplina. Sin embargo, también descubrieron que ese mensaje solo calaba en las que tenían una mentalidad fija. Cuando las estudiantes con este tipo de mentalidad escuchaban el mensaje de que las matemáticas no eran para las mujeres, abandonaban su estudio. En cambio, aquellas con una mentalidad de crecimiento, protegidas por la creencia de que todo el mundo puede aprender cualquier cosa, fueron capaces de rechazar los mensajes estereotipados y seguir adelante.

A lo largo de este libro, el lector aprenderá sobre la importancia de las creencias positivas acerca de uno mismo y la manera

de potenciarlas. También aprenderá lo importante que es transmitir creencias positivas tanto a los demás como a nosotros mismos, ya seamos profesores, padres, amigos o jefes.

Otro estudio llevado a cabo por un grupo de psicólogos sociales puso de relieve el impacto radical que tiene la comunicación
positiva por parte de los profesores.[11] La investigación se centró
en estudiantes de inglés de enseñanza secundaria, los cuales escribieron un pequeño trabajo. Todos los estudiantes recibieron un
feedback crítico y evaluativo (de tipo positivo) de sus profesores,
pero la mitad de ellos recibieron además una frase extra al final
del *feedback*. Sorprendentemente, los alumnos que recibieron la
frase extra −sobre todo los negros− alcanzaron niveles significativamente más altos en sus estudios un año después, con un promedio de calificaciones más elevado. Pero ¿cuál fue la frase que
esos estudiantes leyeron al final del *feedback*, que motivó un resultado tan excelente? Simplemente decía esto: «Te hago este comentario porque creo en ti».

Cuando les hablo a los profesores acerca de esta investigación, pretendo mostrarles la importancia de las palabras y los
mensajes que transmiten, aunque no lo hago para sugerirles que
pongan este mensaje al final de cada evaluación de sus alumnos. Una maestra en un taller levantó la mano y me preguntó:
«¿Significa eso que no debo poner esas palabras en un sello?».
Todo el mundo rompió a reír.

Las investigaciones efectuadas en el campo de la neurociencia aportan pruebas evidentes acerca de la importancia de la
autoconfianza y el papel desempeñado por los profesores y los
padres para influir a este respecto. Sin embargo, vivimos en una
sociedad en la que el mensaje generalizado que recibimos a diario a través de los medios de comunicación es el de que nuestra
inteligencia y nuestro talento son algo fijo.

Una de las formas en que los niños —incluso los de tan solo tres años de edad— desarrollan una mentalidad fija perjudicial es a partir de una pequeña palabra, aparentemente inocua, que se utiliza de manera generalizada. Esa palabra es «inteligente». Los padres elogian regularmente a sus hijos diciéndoles lo inteligentes que son para aumentar su confianza en sí mismos. Ahora sabemos que, cuando alabamos a los niños por ser inteligentes, al principio piensan: «De acuerdo, soy inteligente». Pero luego, cuando tienen problemas, fracasan o se equivocan de alguna manera, tal como le ocurre a todo el mundo, concluyen: «Vale, no soy tan inteligente», y entonces terminan evaluándose constantemente en función de esta idea fija. Está bien elogiar a los niños, pero nunca debemos elogiarlos a ellos como personas, sino por lo que han hecho. Aquí hay algunas alternativas para utilizar en situaciones en las que sintamos la necesidad de emplear la palabra «inteligente».

Elogio fijo	Elogio de crecimiento
¿Puedes dividir fracciones? ¡Caramba, eres inteligente!	¿Puedes dividir fracciones? Es genial que hayas aprendido a hacerlo.
¿Has resuelto este difícil problema? ¡Eso es tan inteligente!	Me gusta que hayas encontrado una solución tan creativa al problema.
¿Te has graduado en ciencias? ¡Eres un genio!	¿Te has graduado en ciencias? Debes haber trabajado muy duro.

Imparto, en Stanford, una clase llamada «Cómo aprender matemáticas» a algunos de los alumnos con más alto rendimiento del país, pero ellos también son vulnerables a las creencias dañinas. A la mayoría se les ha dicho, durante muchos años, que son inteligentes, pero incluso ese mensaje «positivo» −«eres inteligente»− es perjudicial para ellos. La razón de esa vulnerabilidad es que, si creen que son «inteligentes», pero luego tienen problemas con alguna tarea difícil, ese sentimiento de dificultad resulta devastador y les induce a creer que, después de todo, no son tan inteligentes, llevándoles a rendirse o abandonar.

Con independencia de cuál sea la experiencia del lector con el mito del cerebro fijo, la información contenida en estas páginas cambiará su comprensión acerca de cómo aumentar su potencial y el de otras personas. Asumir una perspectiva ilimitada es algo más que un cambio en la manera de pensar, puesto que tiene que ver con nuestro ser, con nuestra esencia, con aquello que somos. Si algún día llegamos a vivir con esta nueva perspectiva, lo sabremos, sobre todo si ese día nos ocurre algo negativo, fracasamos o cometemos un grave error porque, cuando no estamos constreñidos por nuestros propios límites, sentimos y apreciamos esos momentos, pero también podemos dejarlos atrás e incluso aprender cosas nuevas e importantes gracias a ellos.

George Adair vivió en Atlanta una vez terminada la Guerra Civil. Aunque empezó su carrera siendo editor de periódicos y especulando con el algodón, se convirtió en un exitoso promotor inmobiliario. Su éxito se vio, probablemente, impulsado por una importante visión que desde entonces ha sido muy compartida: «Todo lo que siempre has querido está al otro lado del miedo». Veamos juntos ahora algunas de las maneras en que podemos superar nuestros propios límites e ir más allá del miedo y de las creencias negativas.

Capítulo 1
CÓMO
LA NEUROPLASTICIDAD
LO CAMBIA TODO

LAS SEIS CLAVES QUE MENCIONAREMOS tienen el potencial de desbloquear diferentes aspectos de la persona. Sin embargo, la primera clave −basada en la neurociencia de la plasticidad cerebral− es quizá la más importante de ellas y también la más obviada. Aunque ciertos lectores estén familiarizados con algunos aspectos de la evidencia científica, son muchas las prácticas en escuelas, universidades y empresas que se basan en ideas que se oponen a lo que voy a compartir. El resultado del pensamiento del cerebro fijo es que tenemos un país (y un mundo) lleno de individuos con bajo rendimiento que se han visto limitados por ideas que podrían y deberían ser cambiadas.

> CLAVE DE APRENDIZAJE 1
> Cada vez que aprendemos, nuestro cerebro forma, fortalece o conecta diferentes vías neuronales. Tenemos que superar la idea de que la capacidad de aprendizaje es fija, así como reconocer que todos nos hallamos embarcados en un viaje de crecimiento.

Ubicada en una zona de California descrita como «un trozo de la Toscana trasplantado a Norteamérica» se halla la casa en la que vive Michael Merzenich, uno de los principales neurocientíficos de talla mundial. Fue Merzenich quien se topó por accidente con uno de los mayores descubrimientos científicos de nuestra época.[1] En la década de los 1970, él y su equipo utilizaron la tecnología más avanzada para trazar el mapa del cerebro de los monos y efectuar lo que él llamaba «mapas mentales» o mapas de la actividad cerebral, un trabajo apasionante y vanguardista cuyos resultados —según esperaban— repercutirían en toda la comunidad científica. Pero lo que Merzenich y su equipo descubrieron no solo fue importante, sino que generó un auténtico maremoto que terminaría cambiando profundamente la vida de muchas personas.[2]

El equipo trazó con éxito mapas mentales del cerebro de los monos, pero luego dejó de lado dichos mapas para abordar otras facetas de su trabajo. Cuando retornaron al estudio de los mapas mentales, se dieron cuenta de que las redes cerebrales de los monos, esbozadas en dichos mapas mentales, habían cambiado. El propio Merzenich dijo lo siguiente: «Lo que veíamos fue absolutamente asombroso. No podíamos entenderlo».[3] Por último, los científicos extrajeron la única conclusión posible: el cerebro de los monos había cambiado, y lo había hecho a gran velocidad. Este fue el origen de lo que luego se conoció como neuroplasticidad.

Cuando Merzenich publicó sus hallazgos, recibió *feedback* de otros científicos. Muchos simplemente no aceptaban una idea que estaban completamente seguros de que estaba equivocada. Algunos creían que el cerebro era algo inalterable desde el nacimiento, mientras que otros pensaban que se fijaba al alcanzar la edad adulta. La evidencia de que el cerebro adulto cambia cada día les parecía inconcebible. En el momento actual, dos décadas después de aquel descubrimiento inicial, incluso aquellos que se oponían con más vehemencia a la evidencia de la neuroplasticidad han terminado admitiéndola.

Desafortunadamente, nuestras escuelas, universidades, empresas y sociedad en general han sido erigidas, durante siglos, en torno a la idea de que algunas personas son capaces de determinadas cosas, mientras que otras no. Por eso distribuir a los jóvenes alumnos en diferentes grupos y enseñarles de manera distinta tenía, por aquel entonces, mucho sentido. Si los individuos dentro de una escuela o empresa no aprovechaban su potencial, no se debía a los métodos de enseñanza ni a factores ambientales, sino a las limitaciones de su cerebro. Pero en el momento actual, tras décadas de investigaciones acerca de la plasticidad cerebral, ya es hora de que erradiquemos este mito dañino sobre el aprendizaje y el potencial.

Animados por la nueva evidencia que demostraba la plasticidad cerebral en animales, los investigadores comenzaron a observar el potencial del cerebro humano para el cambio. Uno de los estudios más convincentes de la época se llevó a cabo en Londres, la ciudad donde desempeñé mi primer trabajo como profesora universitaria. Londres es una de las ciudades más vibrantes del mundo y siempre está llena de millones de residentes y visitantes. Cualquier día, en Londres, uno puede ver «taxis negros» recorriendo los miles de caminos, calles y rutas más importantes. Los conductores de estos icónicos taxis se atienen a unos estándares profesionales muy exigentes. Los londinenses saben que, si suben a un taxi y le dicen al conductor que les lleve a un destino desconocido por el conductor, este debe ser denunciado a las autoridades del taxi.

Conocer todas las rutas de Londres es una proeza, y los conductores hacen todo lo posible por aprenderlas. Para convertirse en conductor de taxi, se necesitan por lo menos cuatro años de estudio. El último taxista con el que viajé me dijo que había estudiado durante siete años. Durante ese periodo, los conductores deben memorizar cada una de las veinticinco mil calles y veinte mil señales en un radio de más de nueve kilómetros desde la estación central de Charing Cross, así como cada conexión existente entre ellas. Esta no es una tarea que se pueda lograr mediante la mera memorización: los conductores deben conducir por cada ruta y acumular experiencia de las calles, los puntos de referencia y las conexiones, para ser capaces de recordarlas. Al final del periodo de formación, pasan un examen denominado «The Knowledge» [El conocimiento]. Por término medio, la gente tiene que afrontar la prueba doce veces para superarla.

La amplitud y el enfoque de la formación profunda que necesitan los taxistas londinenses llamaron la atención de los neurocientíficos, que decidieron estudiar su cerebro antes y después de su formación. Su investigación puso de manifiesto que, tras el intenso entrenamiento espacial, el hipocampo cerebral de los taxistas crecía significativamente.[4] Este estudio fue importante por muchas razones. En primer lugar, se llevó a cabo con adultos de un rango concreto de edad, todos los cuales mostraron un crecimiento y un cambio cerebral importante. En segundo lugar, el área cerebral que creció —el hipocampo— es fundamental en todas las modalidades de pensamiento espacial y matemático. Los investigadores también constataron que, cuando los taxistas se retiraban de la conducción del taxi, el hipocampo se encogía de nuevo, pero no a causa de la edad, sino por la falta de uso.[5] Ese grado de plasticidad cerebral —el tamaño del cambio— conmocionó al mundo científico. Mientras los adultos persistiesen en el estudio y el aprendizaje, el cerebro seguía desarrollando, literalmente, nuevas vías y conexiones; y, cuando estas vías ya no eran necesarias, desaparecían.

Estos descubrimientos tuvieron lugar a principios de la década de los 2000. Más o menos en esa misma época, el mundo de la medicina afrontó sus propias revelaciones en el campo de la neuroplasticidad. Una niña de nueve años llamada Cameron Mott padecía una rara enfermedad que le provocaba convulsiones que ponían en peligro su vida. Los médicos decidieron realizar una operación revolucionaria para extirparle la totalidad del hemisferio cerebral izquierdo, esperando que Cameron permaneciese paralizada durante años o, posiblemente, de por vida, dado que el cerebro controla el movimiento corporal. Sin embargo, tras la cirugía, se quedaron absolutamente atónitos cuando de manera inesperada la niña empezó a moverse. La única conclusión que pudieron extraer fue que el lado derecho del cerebro estaba desarrollando las nuevas conexiones necesarias para realizar las funciones del lado izquierdo,[6] y que dicho crecimiento se producía a un ritmo más rápido de lo que habían creído posible.

A partir de ese momento, también a otros niños se les ha extirpado la mitad del cerebro. Christina Santhouse tenía ocho años cuando fue operada por el neurocirujano Ben Carson, quien más tarde se postularía para la presidencia. Christina llegó a formar parte del cuadro de honor en su instituto de secundaria, se graduó de la universidad y realizó un máster. En la actualidad, es patóloga del habla.

Así pues, disponemos de múltiples evidencias, procedentes de la neurociencia y de la medicina, de que el cerebro se halla en un estado de constante crecimiento y cambio. Por eso, al levantarnos cada la mañana, nuestro cerebro es diferente al del día anterior. En los próximos capítulos aprenderemos formas de maximizar, a lo largo de nuestra vida, el crecimiento y la conectividad cerebral.

Hace unos años, invitamos a 84 estudiantes de enseñanza media al campus de Stanford para participar en un campamento de matemáticas de ocho días de duración. Eran alumnos típicos en cuanto a sus niveles de logro y creencias. El primer día, cada uno de los 84 estudiantes dijo a los entrevistadores que «no era bueno en matemáticas». Y, cuando se les preguntó, todos ellos nombraron al único compañero de su clase que creían que era «matemático». No es de extrañar que se tratase del alumno más rápido en responder a las preguntas.

Entonces dedicamos bastante tiempo a trabajar para cambiar las creencias negativas de los niños. Antes de asistir a nuestro campamento, todos los alumnos habían efectuado un examen de matemáticas en su distrito escolar, y les hicimos la misma prueba 18 días después, una vez concluido el periodo de campamento. Cada estudiante había mejorado un promedio del 50%, el equivalente a 2,7 años de escolarización. Estos sorprendentes resultados no hicieron sino corroborar el potencial de aprendizaje del cerebro cuando se le administran las formas de enseñanza y los mensajes correctos.

Los otros profesores y yo nos esforzamos en disipar las creencias negativas de los alumnos, les mostramos imágenes del cerebro de Cameron, con un solo hemisferio, y les hablamos de la operación a la que se sometió para extirpar la mitad de su cerebro. También les describimos su recuperación y cómo el crecimiento del otro hemisferio había sorprendido a los médicos. Escuchar hablar de Cameron resultó muy inspirador para nuestros alumnos de enseñanza media. Mientras trabajaban durante las siguientes dos semanas, les escuché decir muchas veces: «¡Si esa chica con medio cerebro pudo hacerlo, yo también puedo!».

Son muchas las personas que albergan la idea perjudicial de que su cerebro no es apto para las matemáticas, las ciencias, el arte, el inglés o cualquier otra materia específica. Cuando una asignatura les resulta difícil, en lugar de entrenar las áreas cerebrales adecuadas para hacer posible su estudio, deciden que no han nacido con el cerebro adecuado para ello. Nadie, sin embargo, nace con el cerebro que exige una materia particular, sino que todo el mundo tiene que desarrollar las vías neuronales requeridas.

Los investigadores saben ahora que, cuando aprendemos algo, el cerebro crece de tres maneras. La primera es formando una nueva vía. De entrada, esta es frágil y delicada, pero se tornará más poderosa a medida que el aprendizaje de la idea se torne más profundo. La segunda consiste en fortalecer una vía ya existente, mientras que la tercera radica en conectar dos vías que antes no estaban comunicadas entre sí.

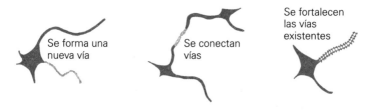

Se forma una nueva vía

Se conectan vías

Se fortalecen las vías existentes

Estas son las tres modalidades de crecimiento cerebral que ocurren durante el aprendizaje, y los procesos por los cuales se forman y fortalecen estas vías nos permiten tener éxito en nuestros esfuerzos relacionados con las matemáticas, la historia, la ciencia, el arte, la música y otras materias. No poseemos dichas vías al nacer, sino que las desarrollamos a medida que vamos aprendiendo. Y, cuanto más nos esforcemos, mejor serán, como comprobaremos en capítulos posteriores, el aprendizaje y el crecimiento cerebral. De hecho, la estructura de nuestro cerebro cambia con cada una de las diferentes actividades que realizamos, perfeccionando los circuitos para que se adapten mejor a las tareas que llevamos a cabo.[7]

EL MENSAJE DEL CEREBRO FIJO

Imaginemos lo transformador que puede ser este conocimiento para los millones de niños y adultos que deciden que no pueden aprender algo, así como para los profesores y gestores que ven a la gente luchar, o fracasar, y decidir que nunca tendrán éxito. Muchos de nosotros creemos a nuestros profesores cuando nos dicen que somos incapaces de progresar en un área determinada. Sin embargo, ellos no transmiten esta idea porque sean crueles, sino porque consideran que su papel es orientar a los alumnos acerca de lo que deben o no deben perseguir y estudiar.

Otros transmiten este mensaje a modo de consuelo: «No te preocupes. Las matemáticas no son lo tuyo». Lamentablemente, este es un estribillo muy común escuchado por las niñas. Otros alumnos reciben este mensaje mediante métodos de enseñanza deficientes y anticuados, como la segregación de los niños en grupos según su capacidad o su velocidad de aprendizaje. Pero, ya sea a través del sistema educativo o de conversaciones directas con los educadores, muchos de nosotros nos hemos visto condicionados a creer que no tenemos la capacidad de aprender determinadas cosas. Y, una vez que las personas insertan en su cabeza esta terrible idea, cambian sus procesos cognitivos y de aprendizaje.

Jennifer Brich es directora del laboratorio de matemáticas de la Universidad Estatal de California, en San Marcos, y también imparte conferencias de matemáticas como directora del centro. Jennifer trabaja denodadamente para disipar las dañinas creencias que sus estudiantes albergan sobre las matemáticas y su cerebro, siendo una de las pocas docentes de matemáticas a nivel universitario que se dedican a ello. Jennifer también solía pensar que «nacemos con ciertos talentos y que estamos limitados a ellos». Pero, en cuanto conoció la investigación referente al crecimiento y el cambio cerebral, empezó a hablar de la investigación sobre el crecimiento del cerebro no solo a sus propios alumnos, sino también a los estudiantes ya graduados que enseñaban en otras clases. Mostrar la nueva ciencia puede ser difícil, y Jennifer me dice que recibe mucha presión por parte de gente que está determinada a creer que algunas personas nacen con un potencial para las matemáticas, mientras que otras simplemente no lo tienen.

Hace algunos meses, estaba sentada en su despacho, revisando correos electrónicos, cuando escuchó un sollozo procedente del despacho contiguo. Jennifer dice que prestó atención al sonido y luego oyó decir al profesor: «Está bien. Eres mujer. Las mujeres tenéis un cerebro distinto al de los hombres, así que es posible que no lo entiendas de inmediato. Pero no pasa nada si no lo entiendes».

Jennifer se horrorizó y dio el valiente paso de llamar a la puerta del despacho del otro profesor. Se asomó y le preguntó si podía hablar con él. Entonces ella se opuso abiertamente al mensaje erróneo que el profesor estaba trasmitiendo, lo que hizo que este se alterase y denunciase a Jennifer al jefe del departamento. Por suerte, el jefe del departamento era una mujer que apoyó a Jennifer porque también sabía que ese tipo de mensajes son incorrectos.

Jennifer no solo se enfrenta a los mitos referentes a las matemáticas y el aprendizaje, sino que es la persona más indicada para ello. Hace poco, me habló acerca de su propia experiencia ofensiva de verse desanimada por un profesor cuando estaba cursando su licenciatura:

Me hallaba al final de mis estudios de posgrado y había empezado a investigar para mi tesis. Lo estaba haciendo muy bien, trabajando muy duro y sacando buenas notas. Me encontraba en la clase de topología, la cual suponía un gran reto para mí, pero trataba de esforzarme al máximo y además me había ido muy bien en un examen. Estaba muy orgullosa de mí misma. Cuando nos devolvieron el examen, vi que había obtenido un sobresaliente, muy cerca de la perfección. Me sentí muy contenta. Entonces, al repasar el examen y llegar a la última parte, encontré una anotación de mi profesor que decía que fuese a verlo después de clase. Y entonces me dije: «Bueno, tal vez él también esté contento». Me sentía muy feliz y orgullosa de mí misma.

Cuando me senté en su despacho, empezó a hablarme de por qué yo no estaba hecha para las matemáticas. Quería saber si tal vez había copiado o memorizado el examen para sacar esa nota. Me dijo que no creía que yo fuese matemática, que ese no era mi futuro y me animó a considerar otras opciones.

Le respondí que iba a empezar mi tesis ese mismo verano y le expliqué cuál era mi promedio de notas. Entonces se puso a revisar mi expediente y vio que yo había cursado allí mis estudios de grado y de posgrado. Luego abrió mi registro de calificaciones y empezó a mirar algunas. Y no dejaba de hacerme preguntas que implicaban que yo no había obtenido esas notas por mis propios méritos. Me sentí destrozada, porque era un hombre al que admiraba, alguien que me parecía inteligente y que era muy conocido y respetado en el departamento de matemáticas. Muchos de los estudiantes varones también lo admiraban. Después de eso, me sentí muy molesta y me fui a mi coche a llorar. Estuve llorando bastante rato.

Luego llamé a mi madre, que también es profesora. Cuando le conté la conversación que había mantenido, ella, por supuesto, se puso a la defensiva y se enfadó bastante. Me dijo que me lo pensara y que tuviera en cuenta a las personas que tienen un buen desempeño en matemáticas y en los motivos por los que les va bien. Y eso me hizo pensar en todas esas cosas diferentes. Creo que fue la siembra de aquella primera semilla lo que realmente me ayudó a empezar a entender qué es una mentalidad de crecimiento. Y después de eso, por fortuna, la agresividad y la susceptibilidad que había en mí surtieron su efecto y las utilicé para motivarme a hacerlo aún mejor tanto durante ese curso como en el resto de mi carrera. Por supuesto, me aseguré de dedicarle a ese profesor una gran sonrisa mientras me dirigía al escenario a recoger mi título.

La experiencia de Jennifer nos habla de una persona —un profesor responsable de la vida de sus alumnos— que considera que solo algunos individuos están dotados para las matemáticas. Por desgracia, ese profesor no es el único que promueve este tipo de pensamiento incorrecto. El mundo occidental en particular está lleno de creencias culturales, profundamente arraigadas y omnipresentes en todas las áreas temáticas y profesionales, referentes a que solo un número reducido de personas son capaces de alcanzar buenas notas. A muchos de nosotros se nos ha dicho esto y nos hemos visto condicionados a creerlo. Y una vez que creemos que solo algunos pueden obtener las calificaciones más altas, todas las áreas de nuestra vida se ven afectadas y evitamos elegir caminos satisfactorios. La creencia de que solo algunas personas pueden rendir al máximo es insidiosa y perjudicial e impide que desarrollemos todo nuestro potencial.

Cuando los profesores y otras personas transmiten a alguien la idea de que el cerebro de un estudiante no es adecuado para aprender algo, es porque desconocen la nueva evidencia científica o bien porque se niegan a aceptarla. La mayoría de las veces se trata de profesores de STEM (acrónimo inglés que se refiere a las asignaturas de ciencia, tecnología, ingeniería y matemáticas), un tema sobre el que volveremos más adelante. En mi opinión, esas personas están atrapadas en el «régimen del cerebro fijo». Y no es ninguna sorpresa que haya tanta gente a merced de esa visión negativa. La neurociencia que muestra el crecimiento del cerebro no empezó a consolidarse hasta hace un par de décadas; antes de esa fecha, todo el mundo creía que cada persona nacía con un cerebro de un determinado tipo y que este nunca cambiaba. Muchos de los maestros y profesores que promueven el régimen del cerebro fijo ignoran las evidencias científicas al respecto. Los sistemas de promoción académica presuponen que los profesores son más valorados cuando publican en revistas científicas y no cuando escriben libros (como este) para el gran público o comparten ampliamente las evidencias existentes. Eso significa que las evidencias más importantes se hallan «confinadas» en revistas, frecuentemente de pago, y no llegan a las personas que más las necesitan, como educadores, gestores y padres.

CAMBIAR LA PERCEPCIÓN Y EL CEREBRO

Es esa falta de oportunidades para que los conocimientos importantes lleguen a las personas que más los necesitan lo que nos impulsó a Cathy Williams y a mí a abrir *youcubed*, un centro y un sitio web en Stanford (youcubed.org) dedicado a recoger, para las personas que las requieran —en especial profesores y padres—, evidencias sobre las investigaciones relacionadas con el aprendizaje. Nos hallamos ahora en una nueva era, y son muchos los neurocientíficos y médicos que escriben libros e imparten charlas TED con el fin de poner al alcance de la gente toda esa nueva información. Norman Doidge es una de las personas que más han contribuido a cambiar la percepción de la gente y compartir la nueva y decisiva ciencia del cerebro.

Doidge es médico y ha escrito un libro extraordinario, titulado *El cerebro que se cambia sí mismo: historias de triunfo personal en las fronteras de la neurociencia.* El libro es exactamente lo que el título describe y está lleno de ejemplos inspiradores de personas con discapacidades de aprendizaje o graves condiciones médicas (como un accidente cerebrovascular) que, a pesar de haber sido descartadas por educadores y médicos, se han recuperado completamente gracias al entrenamiento cerebral. En su libro, Doidge se propone destruir una serie de mitos, como la idea de que las diferentes áreas cerebrales están compartimentadas y no se comunican entre sí ni funcionan conjuntamente y, lo que es más importante, la creencia de que el cerebro no cambia nunca. Doidge se refiere a la «edad oscura» en la que la gente creía que el cerebro era algo fijo, afirmando que no le sorprende que muchas personas sean tan lentas a la hora de entender la plasticidad cerebral y señalando que se necesitará una «revolución» intelectual para conseguirlo.[8] Y estoy de acuerdo, porque en los últimos años de enseñanza acerca de la nueva ciencia del cerebro, he conocido a muchas personas que parecen no estar dispuestas a efectuar cambio alguno en su comprensión del cerebro y del potencial humano.

La gran mayoría de las escuelas todavía funciona dentro del régimen del cerebro fijo. Existen prácticas de escolarización que se han establecido a lo largo de muchos años y son muy difíciles de erradicar. Una de las más populares es el *tracking*, un sistema según el cual los alumnos son segregados en grupos, basándose en su supuesta capacidad, para recibir luego el tipo de enseñanza adecuado a su grupo específico. Sin embargo, un estudio efectuado en Gran Bretaña evidencia que el 88% de los estudiantes asignados a ese tipo de itinerario educativo a la edad de cuatro años permanecieron en el mismo itinerario durante el resto de su vida académica.[9] Este horrible resultado no me sorprende. Una vez que decimos a los alumnos más jóvenes que han sido asignados a un grupo de nivel inferior, su rendimiento se convierte en una profecía autocumplida.

Y lo mismo ocurre cuando se les dice a los profesores cuál es el grupo al que han sido asignados los alumnos, porque entonces, tengan o no la intención de hacerlo, los tratan de manera diferente. Resultados similares se han puesto de manifiesto en un estudio llevado a cabo con casi 12.000 estudiantes, desde la educación preescolar a tercero de primaria, en más de 21 escuelas de Estados Unidos.[10] Ninguno de los alumnos que comenzaron en el grupo más bajo de lectura alcanzó nunca a sus compañeros asignados al grupo más alto. Este tipo de políticas de segregación de los alumnos en grupos basados en su supuesto nivel de competencia serían defendibles si propiciasen un mayor desempeño de los alumnos de bajo, medio o alto rendimiento, pero no es este el caso.

Los estudios sobre las políticas de *tracking* de las escuelas en materia de lectura muestran que las que distribuyen a sus alumnos en grupos de lectura según su capacidad casi siempre obtienen una puntuación más baja de promedio que las escuelas que no utilizan este sistema.[11] Estos resultados también son aplicables a las matemáticas. Al comparar a alumnos que estudiaban matemáticas en los ciclos de enseñanza media y secundaria de Inglaterra y Estados Unidos, las escuelas que enseñaban a los alumnos en grupos de rendimiento mixto superaron, en ambos ciclos educativos y en ambos países a las que utilizaban grupos segregados según su grado de competencia.[12]

El San Francisco Unified es un amplio y diversificado distrito escolar urbano, cuya junta votó por unanimidad eliminar las clases avanzadas hasta primero de bachiller. Aunque esto suscitó gran controversia y oposición por parte de los padres, en el plazo de dos años, durante los cuales todos los alumnos recibieron las mismas clases de matemáticas hasta cuarto de la ESO, las tasas de fracaso escolar en álgebra descendieron del 40 al 8%, mientras que la cantidad de estudiantes que tomaron clases avanzadas después de cuarto de la ESO aumentó un tercio.[13]

Es difícil imaginar que los métodos de enseñanza de los profesores de ese distrito cambiasen radicalmente en el plazo de dos años, pero lo que sí que cambió fueron las oportunidades de que dispusieron los alumnos para aprender y también las creencias que albergaban sobre sí mismos. A todos los alumnos, y no solo a algunos de ellos, se les enseñó contenido de alto nivel, y respondieron con un gran rendimiento. Estudios internacionales sobre el desempeño, efectuados en diferentes países de todo el mundo, muestran que los que más utilizan el *tracking* son los menos exitosos y viceversa. Estados Unidos y Reino Unido, dos países en los que he vivido y trabajado, tienen dos de los sistemas de mayor *tracking* del mundo.

Nadie sabe lo que los niños son capaces de aprender y debemos replantearnos radicalmente las prácticas educativas que limitan el aprendizaje. Nicholas Letchford es, en mi opinión, una de las personas cuya historia ilustra más claramente la necesidad de cambiar nuestras expectativas sobre los niños. Nicholas creció en Australia, y en su primer año de escuela se les dijo a sus padres que tenía «problemas de aprendizaje» y un «cociente intelectual muy bajo». En una de las primeras reuniones de su madre con los profesores, estos le dijeron que era el peor niño que habían visto en veinte años de enseñanza. A Nicholas le resultaba difícil concentrarse, establecer conexiones, leer o escribir. Pero Lois, la madre de Nicholas, se negó a creer que su hijo no pudiese aprender y trabajó con él durante los años siguientes, enseñándole a concentrarse, conectar, leer y escribir. El año 2018 fue muy importante para Lois Letchford porque ese año publicó un libro que describía su trabajo con Nicholas, titulado *Reversed*.[14] También fue el año en que Nicholas se graduó en la Universidad de Oxford con un doctorado en matemáticas aplicadas.

Aunque la investigación y la ciencia han superado la era del cerebro fijo, persisten los modelos de escolarización basados en esta visión del cerebro y en las creencias en cuanto a los límites del aprendizaje. Mientras escuelas, universidades y padres sigan transmitiendo mensajes de que el cerebro es inalterable, los estudiantes de todas las edades continuarán renunciando al aprendizaje en áreas que podrían aportarles grandes satisfacciones y logros.

La nueva ciencia del cerebro, que demuestra que tenemos un potencial ilimitado, es transformadora para muchos, y eso incluye a las personas diagnosticadas con trastornos de aprendizaje. Estos son individuos que nacen con diferencias físicas cerebrales —o bien que las desarrollan debido a lesiones o accidentes— que dificultan el aprendizaje. Durante muchos años, las escuelas han asignado tradicionalmente a estos alumnos a clases de nivel inferior y han centrado su trabajo en torno a sus puntos débiles.

Pero Barbara Arrowsmith-Young tiene un enfoque completamente distinto. Tuve la suerte de conocerla en un reciente viaje a Toronto, durante el cual visité una de las magníficas escuelas Arrowsmith creadas por ella. Es imposible pasar tiempo con Barbara y no percatarse de que es una fuerza a tener en cuenta; es apasionada no solo a la hora de compartir su conocimiento acerca del cerebro y su desarrollo, sino también al aplicar sus conocimientos para cambiar, mediante un entrenamiento cerebral específico, las vías neuronales de quienes han sido diagnosticados con necesidades educativas especiales.

Barbara es una persona a la que le diagnosticaron graves problemas de aprendizaje. Durante su infancia en Toronto, en las décadas de 1950 y 1960, ella y su familia sabían que era brillante en algunas áreas, pero se les dijo que era «retrasada» en otras. Tenía problemas para pronunciar palabras y no podía llevar a cabo razonamientos espaciales. Era incapaz de seguir las relaciones de causalidad e invertía las letras. Podía entender, por ejemplo, las palabras «madre» e «hija», pero no la expresión «hija de la madre».[15] Afortunadamente para Barbara, tenía una memoria asombrosa, que utilizó a lo largo de su vida escolar para disimular lo que sabía que estaba mal.

Cuando llegó a la edad adulta, sus propias discapacidades la impulsaron a estudiar el desarrollo infantil, y finalmente se encontró con el trabajo de Alexander Luria, un neuropsicólogo ruso que había escrito sobre víctimas de accidentes cerebrovasculares que tenían problemas con la gramática, la lógica y la lectura de los relojes. Luria trabajó con muchas personas con lesiones cerebrales, produjo un análisis profundo del funcionamiento de varias regiones cerebrales y desarrolló una extensa batería de pruebas neuropsicológicas. Cuando Barbara leyó el trabajo de Luria, se dio cuenta de que ella misma debía tener una lesión cerebral, se deprimió mucho y comenzó a sopesar la idea del suicidio. Pero luego descubrió el primer trabajo sobre la neuroplasticidad y se dio cuenta de que determinadas actividades podían producir un crecimiento cerebral. Entonces dedicó varios meses a trabajar pormenorizadamente en las áreas en las que sabía que era más débil. Confeccionó cientos de tarjetas con caras de reloj y practicó tanto que terminó leyéndolas más rápido que la gente «normal». No tardó en percibir mejoras en su comprensión simbólica y por primera vez empezó a comprender la gramática, las matemáticas y la lógica.

Ahora Barbara dirige escuelas y programas que proporcionan entrenamiento cerebral a alumnos diagnosticados con trastornos de aprendizaje. Al conversar con ella durante mi visita, me resultó difícil imaginar que aquella mujer hubiese padecido discapacidades tan graves en el pasado, ya que es una comunicadora y una pensadora impresionante. Barbara ha desarrollado más de 40 horas de pruebas que permiten diagnosticar las fortalezas y debilidades cerebrales de los estudiantes y una gama de ejercicios cognitivos dirigidos que les ayudan a desarrollar nuevas vías cerebrales. Los alumnos llegan a las escuelas Arrowsmith con discapacidades graves y salen habiéndolas superado.

Cuando visité una de las escuelas Arrowsmith por primera vez, vi a los alumnos sentados delante de las pantallas de los ordenadores, concentrándose intensamente en sus tareas cognitivas. Le pregunté a Barbara si les gustaba hacer eso, y ella respondió que los alumnos están muy motivados porque sienten rápidamente los efectos del programa. Muchos de los alumnos con los que conversé me hablaron en los mismos términos: tras emprender diferentes tareas cognitivas, sentían que se «despejaba la niebla» y que podían encontrarle sentido al mundo. En mi segunda visita a una escuela Arrowsmith, también hablé con varios adultos que participaban en el programa.

Shannon era una joven abogada que se sintió muy preocupada tras recibir críticas por lo que tardaba en llevar a cabo su trabajo, ya que la gente normalmente paga por horas los servicios de los abogados. Fue referida a Arrowsmith y decidió inscribirse durante un verano. Cuando la conocí, a las pocas semanas de iniciado el programa, me dijo que este ya había empezado a «cambiar su vida». Shannon no solo pensaba ahora de manera mucho más eficaz, sino que era capaz de establecer conexiones que antes no hubiese podido llevar a cabo. Incluso empezaba a encontrar sentido a los acontecimientos ocurridos en su pasado, a pesar de que no fue capaz de entenderlos en su momento. Shannon, al igual que los demás participantes, señaló que «la niebla» de su mente se había despejado; también dijo que antes solía ser una espectadora en las conversaciones, pero que ahora «todo estaba claro» y participaba plenamente.

Barbara no solo ofrece adiestramiento cerebral para los alumnos que acuden a Toronto a matricularse en la escuela, sino que también ha desarrollado un programa de formación para educadores, de manera que puedan aplicarlo en sus propias escuelas. Algunos estudiantes permanecen en el programa durante algunos meses, mientras que otros lo hacen durante años, y ahora se está desarrollando un programa a distancia para que los participantes trabajen desde diferentes lugares. Barbara es alguien que está liderando el mundo con su enfoque del entrenamiento cerebral. Sin embargo, como muchos pioneros, ha tenido que soportar críticas por parte de personas que no aceptan la idea de la neuroplasticidad o que el cerebro pueda ser ejercitado y desarrollado, pero no por ello ha cejado en su lucha a favor de los derechos de los estudiantes a quienes se les ha inducido a creer que tienen algún «defecto».

Si bien a la mayoría de los alumnos que contactan con Arrowsmith se les ha inculcado la idea de que hay algo terriblemente malo en ellos, y muchos se han visto rechazados por el sistema educativo, cuando dejan Arrowsmith lo hacen transformados. Una de las consecuencias de mis visitas a la escuela fue la de decidirme a difundir el mensaje de lo que es posible conseguir con el entrenamiento cerebral y compartir los métodos de Arrowsmith con la gran cantidad de profesores y padres que siguen el método *youcubed* (y que se llaman a sí mismos *youcubianos*). Como ya hemos mencionado, el enfoque de la educación especial en las escuelas consiste en identificar las debilidades de los estudiantes y en estructurar la enseñanza en torno a ellas, esencialmente aprovechando sus fortalezas.

En cambio, el enfoque de Arrowsmith es muy diferente. Los profesores trabajan para identificar las debilidades cerebrales de los estudiantes y luego les enseñan a construir las vías cerebrales y las conexiones requeridas. Mi esperanza es que, algún día, todos los alumnos con diferencias de aprendizaje se expongan al entrenamiento cerebral y se liberen de las etiquetas y limitaciones con las que se han visto forzados a vivir, reemplazándolas por la expectativa generada por un cerebro transformado.

Muchos individuos asombrosos, que fueron apartados y a los que se les dijo que no siguieran estudios particulares, luego han sobresalido en ellos. A Dylan Lynn se le diagnosticó discalculia, una afección cerebral que dificulta el aprendizaje de las matemáticas. Pero Dylan se negó a aceptar que no podía aprender matemáticas y persistió hasta obtener un título en estadística. Y lo consiguió porque se negó a escuchar a toda la gente que le aconsejó que abandonara las matemáticas. Sin embargo, en lugar de eso, elaboró su propio enfoque de las matemáticas. Dylan ahora colabora con Katherine Lewis, profesora de la Universidad de Washington, y se dedica a relatar su historia para motivar a alumnos a los que se les ha dicho que no pueden alcanzar la meta que desean.[16]

Es hora de reconocer que no podemos etiquetar a los niños y albergar bajas expectativas en relación con ellos. Esto es cierto con independencia de cualquier diferencia de aprendizaje diagnosticada porque, tal como estamos viendo en estas páginas, la cualidad más notable de nuestro cerebro es su adaptabilidad y su potencial para el cambio y el crecimiento.

Además de los niños con discapacidades reales de aprendizaje, a muchos otros alumnos se les dice o se les hace creer que tienen una discapacidad de este tipo cuando no es así, especialmente en lo que concierne a las matemáticas. Durante décadas, profesores de todo el mundo han identificado a niños que no memorizan los datos matemáticos tan bien como sus compañeros de clase y los han etiquetado como alumnos que tienen una deficiencia o una discapacidad concreta.

Un estudio dirigido por la neurocientífica Teresa Iuculano y sus colegas de la Facultad de Medicina de Stanford muestra claramente el potencial del cerebro de los niños para crecer y cambiar, así como el peligro que supone que reciban un diagnóstico equivocado.[17] Los investigadores estudiaron a niños divididos en dos grupos, uno de los cuales había sido diagnosticado con una incapacidad para el aprendizaje de las matemáticas, mientras que el otro estaba formado por alumnos corrientes. Los investigadores utilizaron resonancias magnéticas para observar el cerebro de los niños mientras trabajaban en matemáticas, constatando la existencia de diferencias cerebrales reales. Y es aquí donde la cosa se pone más interesante. La diferencia consistía en que, cuando trabajaban en problemas matemáticos, el número de áreas cerebrales activadas era mayor en los alumnos identificados como incapaces.

Este resultado es contrario a la lógica, ya que la mayoría de la gente piensa que la actividad cerebral de los alumnos con «necesidades especiales» es menor y no mayor. Sin embargo, no pretendemos que la totalidad del cerebro se active cuando trabajamos en matemáticas, sino tan solo algunas áreas específicas. Los investigadores profundizaron más y proporcionaron tutoría individualizada a ambos grupos de alumnos, tanto a los que mostraban un desempeño regular como a los diagnosticados con una incapacidad para el aprendizaje de las matemáticas. Al final de las ocho semanas de tutoría, no solo ambos grupos alcanzaron el mismo rendimiento, sino que también mostraron exactamente la activación de las mismas áreas cerebrales.

Este es uno de los muchos estudios importantes que muestran que, tras un breve periodo —las intervenciones efectuadas durante la investigación suelen durar ocho semanas—, es posible reconectar y cambiar completamente el cerebro. Los alumnos con «dificultades de aprendizaje», participantes en este estudio, desarrollaron su cerebro hasta el punto de permitirles funcionar de la misma manera que los que «se desempeñaban con normalidad», siendo de esperar que, al volver a la escuela, se desprendiesen de la etiqueta concerniente a su «incapacidad matemática». Tan solo imaginemos cómo podría cambiar todo para aquellos niños en la escuela y en la vida.

ALUMNOS CON ALTO RENDIMIENTO

La importancia del crecimiento cerebral no se limita a los alumnos diagnosticados con problemas de aprendizaje, sino que se extiende a lo largo de todo el espectro del rendimiento. Muchos estudiantes ingresan en Stanford con un historial de éxito académico, a menudo habiendo recibido tan solo sobresalientes en la escuela y el instituto. Pero, cuando empiezan a tener problemas en sus primeras clases de matemáticas (o en cualquier otra), deciden que no pueden seguir con la asignatura y se dan por vencidos.

Como hemos mencionado, durante los últimos años he trabajado para contrarrestar estas ideas, enseñando a los estudiantes una clase llamada «Cómo aprender matemáticas». La clase integra la neurociencia positiva del aprendizaje con una nueva forma de ver y experimentar las matemáticas. Mi experiencia de enseñanza en esta clase me ha abierto los ojos. He conocido a muchos estudiantes universitarios que son extremadamente vulnerables y que fácilmente llegan a creer que no son aptos para las asignaturas STEM. Por desgracia, casi siempre son mujeres y personas negras. No es difícil entender por qué estos colectivos son más vulnerables que los hombres blancos. Los estereotipos que impregnan nuestra sociedad, basados en el género y el color, están muy arraigados y transmiten a las mujeres y a las personas negras que no son adecuadas para las materias STEM.

Un estudio publicado en la revista *Science* lo demostró de manera contundente.[18] Sarah-Jane Leslie, Andrei Cimpian y sus colegas entrevistaron a profesores universitarios en diferentes áreas temáticas para comprobar la prevalencia de la idea del «talento», es decir, la creencia de que se requiere una habilidad especial para tener éxito en un campo concreto. Sus resultados fueron asombrosos, constatando, por ejemplo, que, cuanto más frecuente era la idea de que hay que tener un talento especial para un determinado campo académico, hay menos mujeres y menos personas negras presentes en ese campo. Esta constante se mantuvo en los 30 temas que se sometieron a análisis. Los gráficos que aparecen en la página siguiente reflejan las relaciones establecidas por los investigadores; el gráfico superior (A) muestra las asignaturas de ciencia y tecnología, mientras que el gráfico inferior (B) nos muestra las asignaturas de artes y humanidades.

La pregunta que siempre me formulo cuando veo datos como estos es la siguiente: si la creencia de que existen personas con

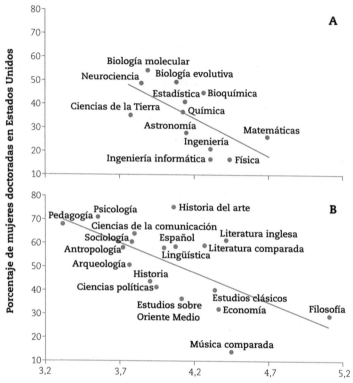

Creencias sobre la capacidad para campos específicos
(las cifras más altas indican un mayor énfasis en el rendimiento)

un talento especial resulta perjudicial para los adultos hasta ese punto, ¿qué no ocurrirá con los niños pequeños?

La idea del talento no solo es inexacta y perjudicial, sino que también es prejuiciosa en lo que al género y la raza se refiere. Disponemos de numerosas evidencias que revelan que aquellos que creen en el talento y en que el cerebro es algo fijo también suelen considerar que, a diferencia de lo que ocurre con las niñas, las mujeres y otros grupos raciales, los niños, los hombres y ciertos grupos raciales poseen determinados talentos.

Una de las evidencias que demuestra claramente lo anterior fue la recogida por Seth Stephens-Davidowitz, quien centró su atención en las búsquedas en Google.[19] Su estudio puso de manifiesto algo muy interesante, a la par que inquietante. Descubrió que la palabra más común después de la frase «Es mi hijo de dos años...» era «superdotado». También encontró que los padres buscan la frase «¿Mi hijo es superdotado?» dos veces y media más que la frase «¿Mi hija es superdotada?». Y esto a pesar de que los niños de ambos géneros poseen el mismo potencial.

Por desgracia, el problema no se limita a los padres. Daniel Storage y sus colegas llevaron a cabo un análisis de distintas revisiones anónimas en RateMyProfessors.com, y constataron que los alumnos tenían el doble de probabilidades de considerar «brillantes» a los profesores que a las profesoras, y el triple de probabilidades de tildar de «genios» a los profesores que a las profesoras.[20] Tanto estos como otros estudios nos muestran que las ideas relacionadas con el talento y el genio están entreveradas con suposiciones racistas y sexistas.

Estoy convencida de que la mayoría de las personas que albergan prejuicios raciales o de género no lo hacen de manera consciente y quizá ni siquiera se den cuenta de ello. También sostengo que, si disipásemos la idea de que algunas personas tienen un talento «natural» y, en lugar de eso, reconociésemos que todos nos hallamos embarcados en un viaje de crecimiento y que podemos lograr cosas asombrosas, desaparecerían algunos de los prejuicios más insidiosos contra las mujeres y las personas negras. Más que en ningún otro lugar, esto es necesario en las materias STEM; no es una coincidencia que los temas STEM evidencien el pensamiento más fuerte y fijo y las más acusadas desigualdades en la participación.

Parte de la razón por la cual muchos alumnos son disuadidos de creer que son capaces de aprender matemáticas tienen que ver con la actitud de los maestros y profesores que les enseñan. Conozco ahora a algunos matemáticos asombrosos que dedican gran parte de su vida a disipar las ideas elitistas que impregnan las matemáticas. La matemática universitaria Piper Harron, una de mis heroínas en este campo, es una de esas personas. En su página web, llamada *The Liberated Mathematician*, escribe: «Mi opinión sobre las matemáticas es que se trata de un desastre absoluto que expulsa activamente al tipo de personas que podrían mejorarlas. No tengo paciencia con los que pretenden ser geniales. Lo que quiero es empoderar a toda la gente».[21] Es maravilloso disponer de voces como la de Piper para ayudar a disipar los mitos acerca de quién puede o no puede tener éxito en matemáticas.

Lamentablemente, sigue habiendo demasiados maestros y profesores universitarios que insisten en transmitir falsas creencias elitistas y que declaran, de manera deliberada y explícita, que solo algunas personas son capaces de estudiar su asignatura. La semana pasada me enteré de dos ejemplos típicos. Una profesora de una universidad pública empezó su clase diciendo a los alumnos que solo tres de ellos aprobarían, mientras que un profesor de matemáticas de mi distrito escolar se dirigió con las siguientes palabras a sus preocupados alumnos de quince años de edad que fueron asignados a su clase de matemáticas avanzadas: «Tal vez crean que son los mejores, pero nadie supera el aprobado en esta clase». Estas son las palabras típicas de los elitistas a los que les complace el bajo número de alumnos que tienen éxito en su asignatura, en la creencia de que eso demuestra que enseñan contenidos realmente complejos. Es este tipo de pensamiento y de mensajes transmitidos a los alumnos lo que impide que muchas personas extraordinarias emprendan estudios que serían sumamente gratificantes para ellas. Pero ese tipo de ideas no solo perjudican a los individuos, sino también a las disciplinas, puesto que vetan el acceso a distintos pensadores que podrían aportar ideas y avances beneficiosos en estos campos.

Uno de esos pensadores fue la increíble matemática Maryam Mirzakhani. La historia de la vida y obra de Maryam apareció en los periódicos de todo el mundo cuando se convirtió en la primera mujer del mundo en ganar la codiciada Medalla Fields, el equivalente al Premio Nobel de los matemáticos. Maryam creció en Irán y, como muchas otras mujeres, no se sintió motivada en las clases de matemáticas en la escuela. En primero de secundaria, su profesora de matemáticas le dijo que no era buena para la asignatura. Por suerte para el mundo, Maryam tuvo otros profesores que sí que creían en ella.

A la edad de quince años, las cosas cambiaron para ella al inscribirse en una clase de resolución de problemas en la Universidad de Sharif, en Teherán. Le encantaba resolver problemas matemáticos y estudió matemáticas avanzadas. Durante sus estudios de doctorado resolvió varias teorías matemáticas no probadas anteriormente. Su enfoque difería del de la mayoría de los matemáticos, puesto que su abordaje era casi completamente visual. Este campo sería más limitado —menos rico, visual y fluido— sin la contribución de Maryam, una contribución que podría haberse desperdiciado si hubiera hecho caso a la profesora que le dijo que no era buena para las matemáticas.

Cuando Maryam llegó a Stanford, tuvimos muchas oportunidades para reunirnos y conversar sobre el aprendizaje de las matemáticas, y también tuve el placer de presidir un examen de doctorado para uno de sus estudiantes. A los cuarenta años, falleció trágicamente. Pero, si bien el mundo perdió a una mujer increíble, sus ideas siempre vivirán y seguirán engrandeciendo las matemáticas.

No hace mucho la American Mathematical Society dedicó a Maryam el número de noviembre de su revista, y Jenya Sapir, la estudiante de doctorado cuya defensa de tesis presidí y que, en el presente, también se dedica a las matemáticas, fue una de las personas que escribió sobre la asombrosa contribución de Maryam a este campo. Estas son sus reflexiones:

> Maryam describía paisajes hermosos y detallados en sus conferencias. Si impartía una charla sobre los conceptos A, B y C, no se limitaba a explicar que A implica a B y C, sino que, en su lugar, pintaba un paisaje matemático en el que A, B y C convivían e interactuaban de maneras complejas. Y no solo eso, sino que conseguía que pareciese que las leyes del universo trabajaban conjunta y armónicamente para hacer que ocurriesen A, B y C. A menudo me asombraba pensando cómo sería su mundo interior. En mi imaginación, ese mundo albergaba difíciles conceptos matemáticos, procedentes de campos dispares, todos ellos conviviendo e influenciándose unos a otros. Viéndolos interactuar, Maryam aprendía las verdades esenciales de su universo matemático.[22]

El mundo abunda en casos de personas que piensan de manera diferente —a menudo más creativa— a las que se les disuade de seguir carreras deportivas, musicales, académicas y muchas otras. Pero aquellos que persisten, a pesar de los mensajes negativos que reciben, suelen lograr hazañas increíbles.

No obstante, ¿cuántos hay que no siguen avanzando, que creen en los juicios negativos y que renuncian a sus sueños? Una de las personas que pensaba de manera diferente y recibió un amplio rechazo es J.K. Rowling, autora de la serie *Harry Potter*, en la actualidad la escritora más exitosa de la historia. Poco después del fallecimiento de su madre, se encontraba en un punto muy bajo de su vida; acababa de divorciarse, era madre soltera y vivía en la pobreza, pero se centró en algo que le importaba profundamente: escribir. Rowling (también llamada Jo) envió el manuscrito de *Harry Potter* a doce editoriales distintas, todas las cuales lo rechazaron.

Empezaba a perder la fe en su libro cuando lo leyó la editora de Bloomsbury Publishing, quien también se lo dio a leer a su hija de ocho años. A la joven lectora le encantó y animó a su madre a publicarlo. Los libros de Rowling ya han vendido más de quinientos millones de ejemplares, y ella es un modelo a seguir para cualquiera que se enfrente al rechazo y, a la vez, crea en sus propias posibilidades. Hoy trabaja activamente para terminar con la pobreza y contribuir al bienestar infantil. Aunque me encantan muchas de las cosas que dice, esta es quizá mi cita favorita:

> Es imposible vivir sin fracasar en algo, a menos que vivas con tanta cautela que también podrías no haber vivido en absoluto, en cuyo caso fracasas por defecto.

LOS PROBLEMAS DEL TALENTO

Los maestros, profesores y padres que afirman que solo algunas personas pueden aprender determinadas materias no hacen sino reflejar la desinformación propia de la época del cerebro fijo. Tal vez no sorprenda que haya tanta gente que todavía se aferre a la idea de la inalterabilidad del cerebro, ya que la mayoría de ellos han vivido durante los años en que esto era todo lo que sabíamos al respecto. Los mitos del cerebro fijo han sido devastadores para alumnos de todas las edades que se han visto descartados en las escuelas, las aulas y los hogares, millones de niños a quienes se les ha hecho creer que no pueden acceder a determinados logros. Pero existe otro lado de la historia. La creencia en el cerebro fijo también ha acarreado consecuencias negativas para los alumnos considerados «superdotados». Esto puede parecernos absurdo: ¿cómo es posible que el hecho de recibir una etiqueta así pueda perjudicar a alguien? Ya he mencionado la investigación que muestra que la creencia en el talento −es decir, que se requiere una determinada herencia genética para tener éxito− es perjudicial para las mujeres y los estudiantes negros, pero ¿cómo perjudica a los individuos a los que se les asigna dicha etiqueta?

Hace unos meses, se puso en contacto conmigo un cineasta que estaba rodando una película sobre los superdotados desde el punto de vista de la justicia social. Eso me pareció interesante, así que revisé la sinopsis que me envió. Me decepcionó constatar que su argumento era que más estudiantes negros deberían ser identificados como superdotados. Entiendo los motivos de esta película, ya que existen serias desigualdades raciales en los programas para superdotados. Pero había un problema mayor en juego, y es la costumbre persistente de considerar que el cerebro es algo fijo.

En ese momento, decidí llevar a cabo mi propia película, con la ayuda de mi equipo y de una increíble cineasta, Sophie Constantinou, de Citizen Film. Les pedí a los alumnos de Stanford que conocía que reflexionasen acerca de su experiencia de ser etiquetados como «superdotados».[23] Los doce estudiantes de Stanford que hablan en la película transmiten un mensaje coherente, es decir, aunque disfrutaron de ciertas ventajas, también tuvieron que pagar un precio por ello. Los estudiantes señalan que sentían que tenían en su interior algo fijo, pero, cuando tenían problemas, pensaban que ese algo había «desaparecido». También señalan que aprendieron que no debían formular preguntas, sino que solo podían responder a las preguntas planteadas por otras personas. Y confiesan que intentaban disimular cualquier dificultad para que la gente no descubriese que no tenían «talento». Al final, una estudiante llamada Julia declara de manera sorprendente: «Si hubiese crecido en un mundo en el que no se etiquetara a nadie como superdotado, habría formulado muchas más preguntas».

El movimiento de los superdotados alberga el digno ideal de asegurar que los alumnos con alto rendimiento se desenvuelvan en un ambiente rico y desafiante, algo en lo que estoy completamente de acuerdo. Pero lo hacen perpetuando la idea de que algunos estudiantes son merecedores de ello porque tienen un «talento» fijo, como un don que les ha sido otorgado. Aunque los programas educativos recogen que algunos alumnos necesitan material especialmente desafiante porque han llegado a un nivel muy elevado, omiten el hecho de que otros también alcanzarían ese punto si trabajasen duro. El mensaje es que algunas personas nacen con algo que otras no pueden conseguir. Esto, en mi opinión, es perjudicial tanto para los que tienen la creencia de que no poseen un determinado talento como para quienes piensan que el cerebro es algo fijo.

Una de las razones por las que, en ocasiones, resulta perjudicial verse etiquetado como alguien con talento es que esa persona no espera tener dificultades. Por eso, cuando las experimenta, es absolutamente devastador. Me acordé de eso cuando charlé con mis alumnos de Stanford el verano pasado. Al hablarles acerca de la investigación sobre el crecimiento del cerebro y el daño de las etiquetas fijas, Susannah levantó la mano y dijo abatida: «Está describiendo mi vida».

Susannah siguió evocando su infancia, cuando era una de las mejores alumnas de la clase de matemáticas. Había asistido a un programa para superdotados y se le había repetido con frecuencia que tenía un «cerebro matemático» y un talento especial. Se matriculó en UCLA para estudiar matemáticas, pero en el segundo año del programa, asistió a una clase que supuso para ella un desafío y que le causó problemas. En ese momento, decidió que, después de todo, no tenía un cerebro matemático y abandonó el programa. Lo que Susannah no sabía es que el conflicto es el proceso idóneo para el crecimiento cerebral (véase más adelante) y que, gracias a ello, podía cultivar las vías neuronales que necesitaba para aprender más matemáticas. Si lo hubiera sabido, Susannah probablemente habría persistido y se habría graduado con una especialización en matemáticas. Este es un ejemplo del daño causado por la creencia en las habilidades fijas.

La historia que Susannah me contó me transmitía su experiencia de verse etiquetada como superdotada, con un «cerebro matemático», y las maneras en que esta etiqueta la llevó a abandonar la materia que amaba. Esto es algo que podría repetirse con cualquier asignatura: inglés, ciencias, historia, teatro, geografía, etcétera. Cuando se nos valora por tener un cerebro que no hemos desarrollado, sino que ya tenemos por derecho de nacimiento, somos reacios a afrontar cualquier tipo de dificultad y estamos predispuestos a creer que las áreas en las que encontramos problemas no son para nosotros. Debido a mi especialidad, he conocido a muchas personas que han renunciado a las asignaturas STEM porque pensaban que no tenían el cerebro adecuado para ellas, pero el problema no se limita a las materias STEM, sino que aparece cada vez que se induce a la gente a pensar que su capacidad intelectual es inalterable.

Pero, si bien me opongo a las etiquetas que se asignan a los alumnos —como superdotados o lo contrario—, no sostengo que todos nazcamos iguales. Al nacer, cada cual tiene un cerebro único y existen diferencias entre los cerebros de las personas. Pero las diferencias con las que nacemos se ven superadas por las muchas maneras en que *podemos* cambiar nuestro cerebro. La proporción de individuos que nacen con un cerebro tan excepcional que influya en lo que hacen es muy reducida: menos del 0,001% de la población. Algunos tienen diferencias cerebrales que a menudo son incapacitantes en ciertos aspectos, como los del espectro autista, pero productivas en otros. No obstante, si bien no nacemos con cerebros idénticos, no existe tal cosa como un «cerebro matemático», un «cerebro literario», un «cerebro artístico» o un «cerebro musical». Todos debemos desarrollar las vías neuronales necesarias para tener éxito, y todos tenemos el potencial para aprender y alcanzar los niveles más altos.

El exitoso autor Daniel Coyle, que ha pasado mucho tiempo en «viveros de talentos», está de acuerdo con la afirmación anterior. Ha entrevistado a profesores de las personas con más «talento», personas de las que Coyle dice que tienen un desempeño particularmente eficaz. Y esos profesores afirman que, en cada década, solo ven un promedio de una persona a la que pueden considerar un «genio».[24] Por ese motivo, es ridículo determinar que el 6% de los estudiantes en cada distrito escolar tienen una diferencia cerebral que suponga que deben ser segregados, siendo merecedores de un trato especial. Por su parte, Anders Ericsson ha estudiado durante décadas el cociente intelectual y el esfuerzo decidido, concluyendo que los individuos considerados genios —como Einstein, Mozart y Newton, por ejemplo— «no nacen, sino que se hacen», y que su éxito proviene de un trabajo extraordinariamente duro.[25] Es importante que transmitamos a todos los estudiantes que se hallan en un viaje de crecimiento que no hay nada intransformable en ellos, ya sea que se le denomine «talento» o incapacidad.

Ya no estamos en la era del cerebro fijo, sino en la del crecimiento cerebral. Los viajes relacionados con el crecimiento cerebral deben ser celebrados, y tenemos que reemplazar las ideas y programas anticuados que sostienen erróneamente que ciertas personas son más capaces que otras, sobre todo cuando esas etiquetas desfasadas se convierten en fuente de desigualdades raciales y de género. Todo el mundo se encuentra en un proceso de crecimiento. No hay necesidad alguna de cargar a los niños o a los adultos con un pensamiento dicotómico perjudicial que divida a la gente entre aquellos que pueden y aquellos que no pueden.

La creencia de que las mujeres tienen que trabajar más duro para tener éxito mientras que los hombres son naturalmente brillantes es una idea con la que yo misma me encontré en el instituto, aunque no provenía de mi profesor de matemáticas, sino del de física. Lo recuerdo muy bien. Fue en el momento en que todos los alumnos llevamos a cabo un examen práctico, conocido como «examen simulado», en preparación para el examen decisivo que todos los alumnos afrontan, en Inglaterra, a la edad de dieciséis años. Ocho estudiantes —cuatro niñas y cuatro niños— recibieron calificaciones muy elevadas, y yo fui una de ellas. En ese momento, mi profesor de física decidió que todos los chicos habían alcanzado esas puntuaciones sin demasiado esfuerzo, pero que todas las chicas las habían conseguido esforzándose al máximo, por lo que nunca podrían sobrepasar ese listón. La consecuencia fue que envió a todos los chicos al examen superior, mientras las chicas fueron inscritas en el examen de nivel más bajo.

Como apenas me esforzaba en el instituto (verme obligada a memorizar datos me aburría la mayor parte del tiempo) y me las arreglaba estudiando lo mínimo, sabía que el profesor estaba equivocado acerca de la suposición de que las chicas tenían que trabajar más duro. Le conté a mi madre la decisión del profesor basada en el género. Y ella, siendo feminista como era, se quejó al instituto, así que a regañadientes me destinaron al examen superior, diciéndome que implicaba un riesgo absurdo por mi parte, porque las únicas calificaciones que se otorgaban en ese examen excluían el aprobado y eran sobresaliente, notable, bien o deficiente. A pesar de ello, dije que me arriesgaría.

Más tarde, ese verano, recibí mis notas: un sobresaliente. Tuve la suerte de que una madre que no aceptó la decisión sexista del profesor y se enfrentó a su opinión me motivase para trabajar mucho más para ese examen. El impacto desafortunado para mí, sin embargo, fue que decidí no seguir profundizando en física. Simplemente no quería tener nada más que ver con aquel hombre (que era jefe del departamento) ni con ese tema.

Por fortuna, no recibí esa clase de disuasión sexista en matemáticas, y algunas de mis mejores maestras y profesoras de matemáticas superiores fueron mujeres. Entonces decidí estudiar matemáticas más avanzadas y seguir profundizando en todas las disciplinas científicas, a excepción de la física. Este es un ejemplo del impacto particularmente insidioso que tienen algunos hombres —como mi profesor de física— cuando limitan la trayectoria de sus alumnos basándose en el género (o la raza u otras características).

Hace poco, un grupo de chicas compartió conmigo su experiencia de plantear a su profesor de matemáticas una pregunta tras una de sus primeras clases en una de las universidades más prestigiosas. Cuando formularon su pregunta, el profesor les dijo que era demasiado elemental y que deberían matricularse en la universidad pública. En ese momento, las jóvenes, todas ellas estudiantes afroamericanas, decidieron renunciar para siempre a las asignaturas STEM. Ya habían sufrido muchas veces este tipo de mensajes y, tal como habían hecho muchos otros estudiantes antes que ellas, abandonaron.

Las matemáticas no son, por supuesto, el único tema que alimenta ideas perjudiciales acerca de quién puede alcanzar determinados logros. El arte, el inglés, la música, los deportes, todas ellas son áreas en las que los alumnos están interesados de entrada hasta que empiezan a tener dificultades y deciden que no tienen el tipo correcto de cerebro (o de cuerpo). En el caso de que los alumnos acepten estas creencias negativas, deberán renunciar a una parte de su potencial futuro, y no solo en la escuela, puesto que las ideas fijas sobre el potencial también tienen un impacto en la vida laboral.

He hablado con muchos profesionales que me dicen que, antes de conocer la ciencia del cerebro, se sentían demasiado nerviosos para poder aportar ideas en las reuniones, temiendo estar equivocados, y que siempre vivían con el temor a ser juzgados. Esto no me sorprende, puesto que hemos crecido en un mundo que considera que el desarrollo cerebral es algo imposible y que juzga a las personas por su «inteligencia». Muchos de nosotros hemos sido educados sintiéndonos juzgados por todo lo que hacíamos, a menudo creyendo que no estábamos «a la altura» y preocupados por quedar en evidencia. Sin embargo, cuando la gente abandona las creencias referentes al cerebro fijo, se desbloquea, especialmente cuando combina este conocimiento con otros hallazgos de la neurociencia que exploraremos en breve.

No solo los trabajadores padecen los efectos del pensamiento del cerebro fijo, sino que a menudo este también afecta a los jefes. Los directores de empresas se sienten inclinados a descartar a los empleados por no tener un buen cerebro o por no ser lo bastante inteligentes. Si, en cambio, alcanzasen a percibir el potencial ilimitado de las personas con las que trabajan, se dirigirían a ellos de manera distinta y, en lugar de privarles de oportunidades, se las brindarían. En vez de concluir que algunos trabajadores tienen un valor limitado, los directivos les proporcionarían distintas oportunidades de aprendizaje: algunos pueden necesitar leer, estudiar o aprender más (veremos más a este respecto en capítulos posteriores). Esto cambiaría la forma en que funcionan muchas empresas y propiciaría que muchos más empresarios creasen ideas y productos importantes.

El primer paso para vivir una vida sin límites ni trabas consiste en saber que el cerebro está reorganizándose, creciendo y transformándose de continuo, sin olvidar que, cada nuevo día, nuestro cerebro cambia. En cada momento de nuestra vida, el cerebro establece conexiones, forma nuevas vías o fortalece las existentes. Cuando nos enfrentamos a una situación desafiante, en lugar de darle la espalda por miedo a no ser lo suficientemente buenos, debemos zambullirnos en ella, sabiendo que la situación nos brinda nuevas oportunidades para el crecimiento cerebral. Cuando reconocemos las amplias implicaciones de la versatilidad de nuestro cerebro, empezamos a abrir nuestra mente y a vivir de manera diferente. En los restantes capítulos compartiremos la información clave que permite que se fortalezcan las nuevas vías y los nuevos abordajes.

Capítulo 2
POR QUÉ DEBEMOS APRECIAR LOS ERRORES, LAS DIFICULTADES E INCLUSO EL FRACASO

NUESTRA VIDA ESTÁ PLAGADA DE ERRORES. Incurrimos en ellos todo el tiempo porque, sencillamente, forman parte de la vida cotidiana. Aunque los errores a veces no suponen ninguna diferencia o terminan produciendo resultados fortuitos, la mayoría de nosotros respondemos de manera instintiva a ellos sintiéndonos mentalmente mal y terriblemente malhumorados. No sorprende que grandes sectores de la población respondan de forma negativa a los errores. La mayoría hemos sido educados en la idea de que son negativos, sobre todo si hemos asistido a escuelas basadas en exámenes, donde con frecuencia nos calificaban negativamente por cometer equivocaciones, o si nuestros padres castigaban los errores con palabras y acciones duras. Esto es desafortunado, y este es el porqué.

> CLAVE DE APRENDIZAJE 2
> Los momentos en que experimentamos dificultades y cometemos errores son los mejores para el crecimiento del cerebro.

Cuando, en el proceso de aprendizaje, estamos dispuestos a afrontar obstáculos y a cometer equivocaciones, mejoramos las conexiones neuronales que aceleran y optimizan la experiencia de aprendizaje. La investigación sobre las dificultades y el impacto positivo de los errores es un campo emergente tanto a partir de la neurociencia[1] como de los estudios conductuales de las personas con alto rendimiento.[2] Parte de este trabajo desafía a la lógica, ya que hemos creído durante mucho tiempo en la absoluta necesidad de que todo sea «correcto». Liberar a las personas de la idea de que siempre deben acertar y no cometer equivocaciones resulta transformador.

LA CIENCIA DE LOS ERRORES

Me percaté por primera vez del impacto positivo de los errores cuando organizaba un taller para profesores y se unió a nosotros Carol Dweck, pionera en la investigación de la mentalidad. El nutrido grupo de profesores que asistieron al taller aquel día escucharon atentamente a Carol. Ella les dijo que, cada vez que cometemos errores, se disparan las sinapsis cerebrales, lo que nos indica que el cerebro crece. Todos los profesores presentes en la sala se quedaron sorprendidos, puesto que habían trabajado hasta entonces con la premisa de que hay que evitar las equivocaciones. Carol se basaba en un estudio que investigaba la respuesta del cerebro cuando nos equivocamos, prestando atención, sobre todo, a las diferentes maneras en que reacciona el cerebro en el caso de que la persona tenga una mentalidad fija o, por el contrario, una mentalidad de crecimiento.[3]

Jason Moser y sus colegas ampliaron el trabajo de Carol investigando la respuesta del cerebro cuando nos equivocamos. Y lo que descubrieron fue asombroso. Pidieron a los participantes en el estudio que llevasen a cabo algunas pruebas mientras monitoreaban su cerebro con la tecnología de resonancia magnética, analizando los datos cuando las personas conseguían responder de modo correcto a las preguntas o bien cuando lo hacían erróneamente. Los investigadores observaron que, cuando los sujetos se equivocaban, su cerebro se activaba, crecía y se fortalecía en mayor medida que cuando la persona trabajaba de forma correcta.[4] Los neurocientíficos están de acuerdo ahora en que los errores contribuyen de manera positiva a fortalecer las vías neuronales.

Esta clave de aprendizaje es muy importante porque la mayoría de los profesores preparan sus clases de manera que todo el mundo tenga éxito. Los currículos educativos y los libros de texto están diseñados con preguntas sencillas y poco estimulantes, para que los alumnos obtengan un alto porcentaje de respuestas correctas. La creencia común es que lograr una mayoría de respuestas correctas los motivará a tratar de conseguir éxitos mayores. Este es el problema, sin embargo. Responder correctamente a las preguntas no es un buen ejercicio cerebral.

Para que los alumnos experimenten el crecimiento, necesitan trabajar en preguntas que los desafíen, preguntas que los lleven al límite de su comprensión. Y necesitan trabajar en ellas en un ambiente que aprecie los errores y los lleve a cobrar conciencia de sus beneficios. Este último punto es fundamental. Para fomentar los errores, el trabajo no solo debe ser desafiante, sino que el ambiente también debe ser alentador, de manera que los alumnos no experimenten el desafío o la dificultad como si se tratase de un elemento disuasorio. Ambos componentes necesitan coordinarse para crear una experiencia ideal de aprendizaje.

El autor Daniel Coyle ha estudiado los «viveros de talento», es decir, lugares con una proporción superior a la normal de personas de alto nivel académico, concluyendo que este no proviene de habilidad natural alguna, sino más bien de un tipo especial de trabajo y de práctica. Al analizar diferentes casos de individuos que destacan en el aprendizaje de la música, los deportes y distintas materias académicas, su investigación pone de relieve que todos los que alcanzaron los mejores resultados llevaron a cabo un tipo particular de entrenamiento que propició que las vías cerebrales se recubriesen con mielina.

Nuestro cerebro funciona mediante una red interconectada de fibras nerviosas (entre las que se incluyen las neuronas), y la mielina es un tipo de aislamiento que envuelve las fibras y aumenta la precisión, la velocidad y la intensidad de la señal. Cuando volvemos a visitar una idea o pateamos un balón de fútbol, la mielina recubre las vías neuronales implicadas, optimizando circuitos específicos y haciendo que nuestros movimientos y pensamientos sean más fluidos y eficientes en el futuro. La mielina es vital para el proceso de aprendizaje. La mayor parte del aprendizaje insume tiempo, y la mielina contribuye a este proceso reforzando las señales y fortaleciendo poco a poco los circuitos adecuados. Coyle aporta una serie de ejemplos de matemáticos, golfistas, futbolistas y pianistas de alto nivel que se ejercitan en su oficio y describe el papel que desempeña la mielina al envolver con capas de aislamiento los circuitos neuronales correspondientes. Él define a los expertos diciendo de ellos que es como si tuvieran «vías megaeficaces», envueltas por varias capas de mielina, lo que los torna suma-mente efectivos.

Entonces, ¿cómo podemos desarrollar las demás personas es-tas «vías megaeficaces»? Esto solo ocurre cuando la gente tra-baja al límite de su comprensión, cometiendo error tras error en circunstancias difíciles, corrigiendo las equivocaciones, avanzan-do, cometiendo más errores y esforzándose constantemente con el material difícil.

Coyle comienza su libro con una interesante historia de apren-dizaje en la que describe el caso de una niña de trece años, llama-da Clarissa, que estaba aprendiendo a tocar el clarinete. Clarissa −nos dice− no tiene «talento» musical, carece de «buen oído» y solo tiene un sentido promedio del ritmo y una motivación me-diocre, aunque se hizo famosa en los círculos musicales porque logró acelerar su aprendizaje un promedio de diez veces, según cálculos de los psicólogos musicales. Esta asombrosa proeza de aprendizaje fue grabada en vídeo y estudiada por expertos en música. Coyle describe cómo, al visionar el vídeo de Clarissa prac-ticando, sugirió que se le diese el título de «La chica que redujo a seis minutos un mes de práctica». Él describe la sesión de prác-tica de esta manera:

> Clarissa inspira y toca dos notas. Entonces se detiene. Aparta el cla-rinete de los labios y, con los ojos entornados, mira fijamente el pa-pel. Toca siete notas más, la frase inicial de la canción. Se equivoca en la última nota y se detiene de inmediato, apartando otra vez el clarinete de sus labios [...]. Empieza de nuevo y toca el *riff* desde el principio, progresando unas cuantas notas más allá y equivocándo-se de nuevo en la última nota, retrocediendo y corrigiendo el error. La obertura empieza a encajar: las notas tienen brío y sentimiento. Cuando termina esta frase, se detiene otra vez durante seis largos

segundos, pareciendo que la está repitiendo en su mente y moviendo los dedos por el clarinete mientras piensa. Se inclina hacia delante, respira y vuelve a empezar.

Suena bastante mal. No es música, sino un conjunto de notas rotas, irregulares y lentas, plagado de paradas y equivocaciones. El sentido común nos induciría a creer que Clarissa está fracasando. Pero, en este caso, el sentido común se equivoca completamente.[5]

Un experto en música que visionó el vídeo comentó que el ejercicio de Clarissa era «increíble» y que «si alguien pudiese envasarlo, valdría millones». Por su parte, Coyle señala: «Esta no es una práctica ordinaria. Es otra cosa: un proceso muy específico, centrado en los errores, que crece y se construye. La canción comienza a emerger y, con ella, una nueva cualidad dentro de Clarissa».[6]

Coyle afirma que, en cada uno de los casos de aprendizaje revisados por él, los alumnos «aprovechan un mecanismo neuronal en el que ciertos patrones de práctica selectiva contribuyen a fortalecer la competencia. Sin darse cuenta, acceden a una zona de aprendizaje acelerado que, si bien no puede ser encapsulado, resulta accesible para aquellos que saben cómo ponerlo en práctica. En resumen, han descifrado el código del talento».[7]

Una de las características más importantes del aprendizaje altamente eficaz que terminamos de describir es la presencia de los errores y el papel del esfuerzo y las equivocaciones en la transformación de los principiantes en expertos. Esto concuerda con la investigación del cerebro, la cual muestra un aumento en la actividad cerebral cuando las personas se esfuerzan y se equivocan y una disminución de esa actividad cuando trabajan correctamente.[8] Por desgracia, la mayoría de los alumnos piensan que siempre deben trabajar correctamente, siendo muchos los que sienten que, si cometen errores o experimentan dificultades, no son buenos alumnos, cuando esto es lo mejor que podría sucederles.

La práctica es importante para el desarrollo de cualquier conocimiento o habilidad. Anders Ericsson ayudó al mundo a entender la naturaleza del rendimiento óptimo al descubrir que la mayoría de los expertos de talla mundial –pianistas, ajedrecistas, novelistas, atletas– practicaron durante unas 10.000 horas a lo largo de 20 años. También constató que su éxito no estaba relacionado con los test de inteligencia, sino con la cantidad de «práctica deliberada» que habían llevado a cabo.[9] Es importante subrayar que, aunque la gente tiene éxito porque se esfuerza mucho, las personas que llegan a convertirse en expertos se esfuerzan mucho de la manera correcta. Son varios los investigadores que describen la práctica eficaz del mismo modo: personas que alcanzan el límite de su comprensión y que cometen errores, los corrigen y siguen adelante.

UNA VISIÓN DIFERENTE DE LAS DIFICULTADES

Cada cuatro años se realiza, en 57 países, una prueba internacional de matemáticas y ciencias llamada TIMSS (Estudio Internacional de Tendencias en Matemáticas y Ciencias). En la última ronda de pruebas, Singapur fue el país que obtuvo las mejores calificaciones en matemáticas. La información derivada de estas pruebas no sería muy útil si no supiésemos cuál es el enfoque que utiliza cada país para alcanzar sus resultados. Por consiguiente, un grupo de investigadores estudió la naturaleza de la enseñanza de las matemáticas visitando las aulas de siete países y registrando una muestra representativa del método de enseñanza. Este estudio reveló una serie de resultados notables.[10] Uno de ellos fue que, en comparación con el currículo de los países con más éxito, el currículo de matemáticas en Estados Unidos «abarca mucho, pero profundiza muy poco».

Japón, que siempre ha obtenido buenos resultados en matemáticas –ocupando en cada ocasión uno de los cinco primeros puestos del TIMSS–, fue uno de los países visitados en el estudio. Los investigadores comprobaron que los alumnos japoneses invertían el 44% de su tiempo en «improvisar, pensar y bregar con conceptos fundamentales», mientras que este tipo de comportamiento era, en el caso de los alumnos estadounidenses, menos del 1%.

Jim Stigler –uno de los autores del estudio– escribe que los profesores japoneses *quieren* que sus alumnos experimenten dificultades y recuerda las ocasiones en que proporcionan, a propósito, la respuesta equivocada para que los alumnos vuelvan a trabajar con los conceptos fundamentales. En mis miles de observaciones en el aula, efectuadas durante muchos años en Estados Unidos y el Reino Unido, nunca he presenciado este tipo de práctica, sino que lo habitual es ver a profesores que parecen querer ahorrar a los estudiantes cualquier tipo de dificultad. Muchas veces he observado a los alumnos solicitar ayuda y a los profesores estructurar el trabajo para ellos, desglosando las preguntas y convirtiéndolas en pequeños pasos más sencillos. Pero, al obrar de ese modo, vacían el trabajo de retos y de oportunidades para esforzarse. Aunque los alumnos se sienten bien porque completan el trabajo, suelen aprender muy poco.

Presencié un enfoque de enseñanza muy similar, centrado en las dificultades, en una visita a las aulas de China, otro país que obtiene una elevada calificación en matemáticas. Me pidieron que visitara China para impartir una conferencia y logré, como siempre me gusta hacer, escabullirme y visitar algunas aulas. Si bien en algunas clases de matemáticas de enseñanza secundaria las lecciones duraban aproximadamente una hora, en ningún momento vi a los alumnos trabajar en más de tres problemas durante esa hora. Esto contrasta poderosamente con una clase típica de matemáticas en los institutos de secundaria de Estados Unidos, donde los estudiantes responden a unas treinta preguntas a lo largo de una hora, es decir, un promedio diez veces superior. Asimismo, las preguntas abordadas en las aulas chinas eran más profundas y exigentes que las de las aulas estadounidenses. Los profesores formulaban preguntas provocativas, haciendo a propósito afirmaciones incorrectas que los alumnos se veían desafiados a rebatir.

Una de las lecciones que tuve oportunidad de presenciar versaba sobre un tema que suele ser poco inspirador en las clases de Estados Unidos, esto es, los ángulos complementarios y suplementarios. El profesor en China pidió a los alumnos que definieran un ángulo complementario, y los y las estudianes aportaron sus propias ideas tratando de definirlo. A menudo el profesor dirigía las definiciones de los alumnos hacia un lugar que las hacía erróneas y entonces juguetonamente les preguntaba: «Así pues, ¿es esto correcto?». Los alumnos se quejaban entonces y trataban de aventurar la definición correcta. El profesor bromeaba con ellos, reconduciendo lúdicamente y, a veces, tergiversando sus ideas para obligarlos a pensar de modo más profundo. Durante bastante tiempo, los alumnos indagaban, reconducían, clarificaban y explicaban, alcanzando niveles de profundidad que eran impresionantes.

Esto contrasta con la lección típica que se ofrece en Estados Unidos sobre el mismo tema. Los profesores suelen brindar definiciones de ángulos complementarios y suplementarios a su alumnado, que luego practican con treinta problemas breves. La característica definitoria de la clase en China era la dificultad: el profesor ponía deliberadamente a los alumnos en situaciones en las que se quedaban bloqueados y en las que se les obligaba a pensar mucho. Este tipo de instrucción era totalmente consecuente con la descripción de los investigadores de la práctica controlada y centrada en los errores. Como señala Coyle, la mejor manera de construir un circuito altamente eficaz es «hacerlo funcionar, prestar atención a los errores y luego ponerlo en marcha de nuevo». Esto es, precisamente, lo que los profesores chinos posibilitan que hagan sus alumnos.

Elizabeth y Robert Bjork, científicos de la Universidad de California en Los Ángeles (UCLA) que se han dedicado durante décadas a estudiar el aprendizaje, señalan que gran parte del aprendizaje que se lleva a cabo es sumamente improductivo, ya que los eventos de aprendizaje más importantes suelen contradecir la lógica y se desvían de las prácticas estándar en las instituciones educativas. Ambos subrayan la importancia de las «conflictos deseables», sugiriendo una vez más que el cerebro necesita verse estimulado para hacer las cosas que le resultan complicadas. Destacan en especial el acto de recuperar información del cerebro, ya que cada vez que recuperamos información, se produce un cambio cerebral, que hace que la información resulte más accesible cuando se requiera posteriormente.[11]

Mucha gente estudia para los exámenes releyendo los contenidos, pero los Bjork señalan que esto no es demasiado útil para el cerebro. Una forma mucho más eficaz de repasar el material es evaluarse uno mismo, de modo que uno siga teniendo que recordar el material y, con suerte, cometa errores para corregirlos durante el proceso. Los científicos del aprendizaje también señalan que estas pruebas no deben medir el desempeño, ya que eso

causa estrés y reduce la experiencia de aprendizaje. Los autoexá-
menes no evaluativos o las pruebas entre pares son las más be-
neficiosas en este sentido.[12]

ENSEÑAR EL VALOR DE LOS ERRORES

A medida que se consolida el campo de la neurociencia, parece que cada vez son más las evidencias que ponen de relieve el
valor de los errores y las dificultades. Los buenos profesores lo
saben intuitivamente y transmiten a los alumnos que los errores son, de hecho, excelentes oportunidades de aprendizaje. Por
desgracia, he descubierto que este mensaje no es tan contundente como para evitar que los alumnos se sientan mal cuando
se equivocan, a menudo debido a la cultura de rendimiento en la
que están inmersos muchos buenos profesores. Incluso cuando
el mensaje se expresa con más fuerza −es decir, que los errores
son buenos no solo para el aprendizaje, sino también para la conectividad y el crecimiento cerebral−, es difícil que los profesores logren transmitirlo en el seno de un sistema que les obliga a
administrar a los alumnos exámenes que los penalizan cada vez
que incurren en un error.

Esto pone de manifiesto el reto que supone cambiar la educación: se trata de un sistema complejo que consta de muchas partes distintas, todas las cuales se influyen entre sí. Los profesores
pueden transmitir los mensajes correctos a los alumnos, pero luego ser testigos de que sus mensajes son desvirtuados por un sistema impuesto por su distrito escolar. Por eso animo a todos los
profesores que tratan de aprender mensajes e ideas más eficaces para la enseñanza a que las compartan no solo con sus alumnos, sino también con padres y administradores.

Cuando los profesores alientan a los estudiantes a cometer errores y a esforzarse, resulta sumamente liberador. Suzanne Harris, profesora de segundo de primaria en Nueva Zelanda, comenzó a enseñar en una época en la que imperaban los procedimientos y los exámenes cronometrados. Cuando leyó uno de mis libros, supo que lo que a ella le parecía más adecuado estaba respaldado por la investigación y le preguntó a su director si podía enseñar el «método Jo Boaler». Este se mostró de acuerdo y, a partir de ese momento, Suzanne introdujo muchos cambios, uno de los cuales fue explicar a sus alumnos los beneficios positivos de los errores y las dificultades. En mi entrevista con Suzanne, describió cómo este y otros mensajes habían supuesto un gran cambio para un niño de su clase.

Dex, un niño con una discapacidad de aprendizaje específica, tenía que tomar medicamentos para ayudarlo a afrontar su jornada escolar. Un día en clase, Suzanne había dado a los estudiantes una de las tareas de nuestro sitio web llamado *4 Cuatros*. Esta es una tarea maravillosa que presenta el siguiente desafío:

Trata de formar cada número entre 1 y 20 utilizando para ello 4 cuatros y cualquier operación.

Los estudiantes habían disfrutado de la tarea y conseguido ampliarla a más de 20. Mientras Dex trabajaba en la tarea, añadió 64 y 16. Más tarde, cuando añadió 16 y 64, se dio cuenta de que la respuesta era la misma. En este momento, Dex había descubierto la propiedad conmutativa, una característica importante de las relaciones numéricas. La suma y la multiplicación son conmutativas: sin importar el orden en que trabajemos, por ejemplo, podemos sumar 18 + 5, o bien 5 + 18, y obtener el mismo resultado. Esto es importante saberlo, ya que otras operaciones, como la división y la resta, no son conmutativas, y el orden sí que es importante en estos casos.

Suzanne reconoció que Dex había descubierto la conmutatividad y la llamó Estrategia para Comprender la Reversibilidad para los alumnos de segundo curso. Con el tiempo, los otros alumnos también aprendieron esta estrategia. Utilizaron un póster del famoso programa de televisión *El Factor X* para aplicar la estrategia de Dex, renombrándolo como Factor Dex. Posteriormente, en aquel mismo curso, se pidió a los alumnos que compartiesen lo que habían aprendido y una de las niñas dijo que había aprendido el Factor Dex. Otra señaló cómo el principio del Factor Dex le había ayudado a aprender las tablas de multiplicar. Suzanne afirma que el resto de los alumnos dejaron de ver a Dex como un «tonto» y empezaron a considerarlo un «genio».

Un día el director fue a su clase y desafió a los alumnos, que habían aprendido el valor de los errores, preguntándoles:

—Así pues, si digo que 5 más 3 son 10, ¿mi cerebro está creciendo? Eso quiere decir que puedo cometer errores deliberadamente. ¿Así es como funciona?

—¿Cómo? ¿Por qué cometer un error adrede? ¿Quién haría eso? ¿Quién haría eso? —dijeron horrorizados los alumnos, según me contó Suzanne.

—Bueno, me acabáis de decir que, si me equivoco, mi cerebro crece —respondió él.

—Sí, pero en realidad no te equivocas cuando lo haces a propósito. Sabes que no es esa la respuesta, así que no es un error. ¡Eso sería una tontería! —le dijeron los alumnos.

Me complace especialmente oír hablar de alumnos que defienden los nuevos conocimientos que adquieren, incluso cuando son desafiados por los adultos. Hace poco he recibido un correo de una profesora, Tami Sanders, referente a una alumna que se sintió motivada por los nuevos conocimientos que había aprendido. Tami enseña a alumnos de tercero de primaria en una escuela internacional en Hong Kong. Este es parte del correo que me envió:

> Bien, hoy se me acercó la niña más reservada de mi clase. Me hablaba tan bajo que tuve que inclinarme para escucharla. Entonces me susurró al oído: «Señora Sanders, he estado leyendo este libro de su estante y creo que tiene que leerlo. Es muy bueno». Miré hacia abajo para ver lo que sostenía en sus manos, esperando ver un libro comercial de no ficción. Para mi sorpresa, la niña me traía su libro, *Mathematical Mindsets* [Mentalidades matemáticas]. Me sentí tan conmovida que tengo que compartirlo con usted.

Gisele, la alumna en cuestión, también me escribió para recomendarme que escribiese nuevos libros con las mismas ideas para niños de cinco años y más pequeños, para niños de seis a ocho años, para niños de nueve a doce años, de trece a quince y de dieciséis años y más mayores. Aunque todavía no lo he hecho, me gustan mucho sus ideas y su pasión por difundirlas. Gisele también me envió un dibujo ien el que captura el momento en que le habló de mi libro a su maestra!

Hace algunos años, cuando enseñábamos en nuestra escuela de verano a alumnos de educación secundaria, les dijimos que nos encantaban los errores, que propiciaban el crecimiento cerebral y que eran una parte muy importante del aprendizaje. Esto hizo que se volviesen más libres en su aprendizaje, con lo que su abordaje cambió de muchas maneras. Los alumnos se mostraron más dispuestos a compartir ideas, incluso cuando no sabían si tenían razón, y también se tornaron más persistentes a la hora de enfrentarse a problemas difíciles. La mera idea de que los errores son buenos para nuestro cerebro demostró ser transformadora. Recibir el mensaje de que las equivocaciones pueden ser positivas fue un aspecto significativo del cambio que experimentaron en su trayectoria de aprendizaje y en su crecimiento como estudiantes.

Una de las alumnas de la escuela de verano, en la clase que yo impartía junto a Cathy Williams se llamaba Ellie. Ellie era una de las alumnas más bajitas de la clase y siempre usaba una gorra de béisbol ladeada. Cuando estaba en la pizarra con otros alumnos de su grupo para bosquejar ideas, a menudo se ponía de puntillas para llegar al trabajo de sus compañeros. Pero el tamaño físico de Ellie no coincidía con su deseo de aprender. Si tuviera que elegir algunas palabras que caracterizasen su actitud durante nuestras sesiones de enseñanza, serían «decidida», «obstinada» y «averiguaré lo que esto puede hacerme».

Ellie fue una de las alumnas que mostró un rendimiento más bajo en nuestra prueba preliminar. Ocupó el puesto 73 entre 83 alumnos y les dijo a los entrevistadores, antes de ingresar en la escuela de verano, que la clase de matemáticas solía resultarle muy aburrida y que no quería asistir a nuestra escuela de verano. Prefería quedarse en casa jugando al Minecraft. Sin embargo, Ellie estuvo presente en cada momento de las clases, defendiendo siempre sus opiniones y luchando para comprender bien las cosas. A veces se sentía muy frustrada si no entendía rápidamente un problema, pero seguía concentrándose y formulando pregunta tras pregunta. También cometía muchos errores, obligándose con frecuencia a ir más allá de ellos en pos de la respuesta correcta. Un observador que viese la clase en la escuela de verano probablemente habría dicho que Ellie era una persona con un bajo rendimiento que se esforzaba al máximo para tratar de entender.

Pero ¿qué hace que la experiencia de Ellie resulte tan fascinante? Ellie fue la que más mejoró de todos los alumnos que participaron en la escuela de verano, pasando de obtener una de las puntuaciones más bajas en la prueba previa al inicio a conseguir una de las más altas dieciocho días después. Comenzó en la posición 73, pero terminó en un impresionante decimotercer lugar, escalando 60 posiciones, ¡y mejorando su puntuación en un 450%! Ellie trabajó en la «zona de aprendizaje acelerado»[13] de Coyle, moviéndose en el límite de su comprensión, cometiendo equivocaciones y corrigiéndolas y desarrollando su comprensión a un ritmo acelerado.

Pero ¿cómo fomentar el aprendizaje productivo de manera que llegue a un mayor número de personas? ¿Qué era lo que diferenciaba a Ellie del resto de los alumnos? Lo que la hacía distinta de los demás no era su gran comprensión —no siempre era la estudiante que llegaba a las soluciones correctas—, sino su determinación tenaz incluso ante el fracaso. Cuando hablo con profesores, a menudo me comentan que no perciben en los alumnos este tipo de persistencia. Una de las quejas más comunes que escucho de ellos es que los alumnos no quieren esforzarse, sino que desean que se les diga lo que deben hacer. A los profesores les parece que a los estudiantes no se les puede importunar con las dificultades, que es probablemente lo que ocurre. El hecho, sin embargo, es que cuando los alumnos no están dispuestos a afrontar dificultades, el motivo es que tienen una forma de pensar fija; en algún momento de su vida se les ha inculcado la creencia de que no pueden tener éxito y que las dificultades son un indicio de que no les va bien.

La mayoría de los 83 estudiantes que participaron en nuestra escuela de verano eran reacios a asumir riesgos y no estaban dispuestos a persistir, tal como les ocurre a los alumnos que describen los profesores. Sin embargo, en el entorno de nuestra escuela de verano, donde valoramos activamente los errores y la dificultad, se mostraron dispuestos a perseverar, incluso cuando el trabajo les resultaba difícil. En determinados momentos se dirigían a nosotros, pareciendo desamparados o desanimados, y decían cosas como:

–Es demasiado duro.

–Estos son –les respondíamos– los momentos más importantes para el crecimiento del cerebro. Esa sensación de que es demasiado duro es la sensación de que tu cerebro está creciendo. Sigue adelante. Es realmente importante y valioso.

Y volvían a su trabajo. Al final los alumnos estaban dispuestos a luchar y seguir adelante cuando las cuestiones eran difíciles. Y, cuando planteábamos preguntas al conjunto de la clase, había manos levantadas por doquier.

Cuando les hablo de Ellie a los profesores, desean saber cómo pueden lograr que más alumnos suyos se parezcan a ella. Quieren que acepten la lucha y la dificultad y que sigan adelante. Jennifer Schaefer es una profesora que ha aprendido a animar a los alumnos para que se esfuercen en clase.

Jennifer, que enseña sexto de primaria en Ontario (Canadá), fue una de las profesoras que se puso en contacto conmigo, porque aprender sobre la nueva ciencia del cerebro hizo que su enseñanza experimentase un cambio profundo. Como muchas otras mujeres que he entrevistado, Jennifer describe su propia educación como una educación para la obediencia, en la que era recompensada por ser «amable» y «ordenada» y por no asumir riesgos. Dijo que, a menos de que estuviera segura de que tenía razón, nunca respondía preguntas en clase.

Como extrabajadora con jóvenes, Jennifer entendía la importancia de fomentar la autoestima y la confianza de los niños como parte de su enseñanza. Aprender acerca de la ciencia del cerebro añadía lo que ella llamaba «una capa extra» a su comprensión, una capa que había cambiado la forma en que enseñaba. Jennifer es consciente de que, cuando sus alumnos llegan a ella, ya han decidido si son «inteligentes» o no. Tan pronto como Jennifer supo acerca del crecimiento cerebral y la mentalidad, pasó los meses de septiembre y octubre inculcando estas importantes nociones. Esta profesora reflexionaba del siguiente modo:

> Es algo más que simplemente fortalecer su confianza. Les proporciona información y datos reales sobre su cerebro. Esa es la capa adicional que percibo en ello. Era algo muy concreto que se relacionaba con su aprendizaje.
>
> Siempre he intentado mejorar la autoestima de los niños, pero esto es diferente, puesto que está relacionado con su aprendizaje. No se trata solamente de cómo sentirse bien con sus amigos, sino que tiene que ver con su aprendizaje.

La forma en que Jennifer entiende la mentalidad y la investigación cerebral, y la utiliza tanto en la enseñanza como en la crian-

Los escalones del esfuerzo

¿Qué escalón has alcanzado hoy?

za, es inusual. Son muchos los profesores que transmiten a sus alumnos la importante información referente a la mentalidad, pero no permiten −a diferencia de Jennifer− que la nueva ciencia del cerebro impregne e inspire completamente sus métodos de enseñanza. En los últimos años, he aprendido que las interacciones de profesores y padres con los alumnos mientras estos trabajan −en particular en esos momentos de dificultad tan decisivos− son fundamentales para el desarrollo de una mentalidad de crecimiento. Cuando Jennifer comenzó a fomentar el esfuerzo entre sus alumnos, utilizó la analogía de los escalones. Ahora coloca la imagen de los escalones en notas Postit por toda la clase.

Jennifer les dice a sus alumnos que esta es la escalera de la dificultad, y que no tienen que ser la «persona engreída» que ocupa el peldaño más alto, pero tampoco la «persona triste» situada en el peldaño más bajo. Simplemente necesitan llegar a los escalones del esfuerzo, ya que ese es un lugar realmente importante en el que estar. Tal como Jennifer me lo describió:

Nadie quiere ser el tipo que está en el peldaño inferior. Parece un poco enfadado y disgustado. Y el tipo de arriba también resulta molesto porque ha llegado arriba y es súper feliz. Yo siempre digo: «No tienes que ser esa persona. Esa persona es un fastidio. Debes estar en el medio. ¿No es cierto?»

Aunque a los alumnos de Jennifer les gusta la analogía de los escalones, hay otra que les gusta aún más. Esta procede de James Nottingham, un educador del Reino Unido, a quien se le ocurrió la idea del «foso del aprendizaje», el foso del esfuerzo, un lugar muy importante donde estar.

Jennifer pidió a sus alumnos que, como parte de la clase, dibujasen su propia versión del «foso del aprendizaje», y esto es lo que dibujaron juntos.

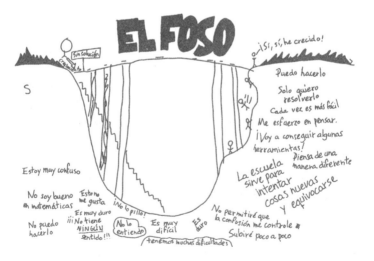

Los alumnos escriben acerca de lo que sienten cuando experimentan dificultades −«Estoy tan confundido», «No soy bueno en matemáticas», «Esto no tiene sentido»−, sentimientos que todos hemos tenido alguna vez. También escriben sobre lo que sienten a medida que van progresando a través de la dificultad: «No dejes que la confusión te controle», «Escala la pared poco a poco», y otros pensamientos positivos. Jennifer celebra su presencia en el foso, diciéndoles que podría agarrarlos de la mano para sacarlos de ahí, de manera que evitaran el foso por completo, pero que eso no sería útil para su aprendizaje y su crecimiento cerebral.

También me comentó que los alumnos a veces se frustran y le dicen:

−¡Señorita Schaefer, estoy en el foso!

−¡Excelente! ¿Qué herramientas de la clase necesitas? −responde ella.

Hay dos cualidades importantes en esta respuesta. En primer lugar, Jennifer celebra el hecho de que el estudiante se halle en el foso cuando le dice: «Excelente». En segundo lugar, no le estructura el trabajo, desmenuzándolo en partes más manejables, sino que se limita a preguntar cuáles son los recursos que podrían ayudarle. Esta es una profesora que entiende que la dificultad es un lugar realmente importante en el que estar y que los alumnos no deben ser salvados de ella, sino elogiados por encontrarse en ese lugar.

Leah Haworth, otra profesora a la que entrevisté, subrayó una forma diferente e igualmente importante de abordar la dificultad. Tras relatar su propia historia, siguió describiendo de qué modo su método de enseñanza tuvo un enorme impacto en una pequeña alumna que comenzó el año escolar con lágrimas en los ojos.

Cuando Leah estudiaba en la escuela primaria, también tuvo algunas experiencias muy negativas. Empezó sus estudios en Inglaterra y fue, desafortunadamente, una de las muchas alumnas de un «grupo de notas bajas», recibiendo el mensaje de que no merecía la pena molestarse por ella. No es de extrañar que Leah desarrollara una baja autoestima, pero, cuando cumplió trece años, tuvo la suerte de mudarse a Nueva Zelanda y de estudiar con profesores que la ayudaron a ponerse al día. Cuando se convirtió en profesora, fue muy consciente de lo importante que es acicatear a los alumnos, especialmente a aquellos que se dan por vencidos. Una de esas alumnas era Kelly. En el momento en que Leah la vio llorar, supo que era porque había desarrollado la idea de que no era una buena estudiante. También sabía que Kelly se ponía muy ansiosa cuando tenía dificultades con sus tareas. Así pues, Leah decidió ayudarla cuando las tareas le resultaban difíciles y luego fue retirando gradualmente la ayuda. Asimismo, compartió con Kelly y con el resto de los alumnos que, cuando ella misma era estudiante, no se sentía bien consigo misma y que también lloraba cuando creía que no podía hacer algo. A medida que avanzaba el año escolar y Leah le daba a Kelly cada vez más trabajo difícil con cada vez menos apoyo, la niña cambió. Se sintió más segura, dejó de llorar y empezó a sonreír. Como Leah comentó:

> Fue increíble ver, en poco más de un año, lo lejos que había llegado esa niña, no solo en sus habilidades matemáticas, sino en su completo cambio de mentalidad y cómo aplicaba esa forma de pensar a otros aspectos del aprendizaje. Pasó de no tener ninguna confianza en sí misma a la hora de acometer cualquier tipo de problema matemático difícil (llorando y estando poco dispuesta a implicarse en el tema) a intentar cualquier cosa e incluso a compartir abiertamente

sus ideas erróneas con la clase. Aunque toda la clase hizo con ella ese viaje, el que ella realizó fue increíble, y uno de esos momentos que me hizo pensar que aquella era la razón por la que me convertí en maestra.

Leah cambió su enseñanza para alentar a sus alumnos a tener una mentalidad de crecimiento y a aceptar las dificultades, lo cual supuso una gran diferencia para muchos de ellos. Antes de que efectuase estos cambios, el 65% de sus alumnos alcanzaban los objetivos de aprendizaje, pero, después del primer año utilizando el nuevo enfoque, el porcentaje subió hasta un 84%. Este tipo de cambio es típico en los profesores con los que trabajamos, y aunque nuestro objetivo último es que todos los alumnos alcancen los estándares requeridos, llegar a un 84% durante el primer año es impresionante. Leah lo consiguió transmitiendo mensajes positivos a todos sus alumnos, incluyendo a aquellos que carecían de confianza en sí mismos y alentándolos en los momentos de dificultad.

Cuando empecé a comunicar la nueva investigación positiva sobre los errores y las dificultades tanto a los alumnos como al público en general, les decía que «los errores hacen crecer nuestro cerebro». Sé que este mensaje tan sencillo como poderoso ha ayudado a muchos estudiantes de todo el mundo, aunque también he sido criticada por personas que toman la palabra «crecer» literalmente (y de modo muy estricto) como si significase que el cerebro aumenta poco a poco de tamaño. Lo que sabemos es que, cuando se cometen errores, se incrementan las conexiones neuronales y el cerebro aumenta su fuerza y capacidad. Mantengo mis palabras iniciales porque el mensaje tiene que funcionar para alumnos de una edad muy temprana −educación preescolar e incluso más pequeños− y porque este crecimiento asume todo tipo de formas. En mi opinión, una mayor conectividad y una mayor capacidad futura son aspectos muy importantes del crecimiento.

CAMBIAR NUESTRA PERSPECTIVA
SOBRE EL FRACASO

Aprender acerca de los beneficios de los errores proporciona una perspectiva diferente sobre el fracaso, lo cual es importante para desbloquearse y vivir una vida sin límites. Yo misma he efectuado la transición desde cerrarme en mí misma –temiendo el fracaso y dudando de mí misma– hasta desbloquearme. Se trata de un proceso en el que hay que trabajar de manera persistente.

En mi actividad académica, experimento muchos fracasos. Para mantener en funcionamiento nuestro centro en Stanford, conseguir pagar al personal y suministrar materiales gratuitos para profesores y padres, tenemos que solicitar muchas ayudas, la mayoría de las cuales son rechazadas. También tengo que remitir nuestros artículos a diferentes publicaciones, donde el rechazo también forma parte del proceso. Y, cuando nuestros artículos no son rechazados, se ven sometidos a los comentarios de los revisores. He tenido críticos que han despreciado completamente mi trabajo, aduciendo que no es «investigación, sino solo literatura». Es casi imposible avanzar en la vida académica sin ver que el «fracaso» es una oportunidad para mejorar. Un sabio profesor llamado Paul Black, mi asesor de doctorado, me dijo en cierta ocasión: «Cada vez que envíes un artículo a una revista, ten ya en mente la siguiente revista a la que lo enviarás en el caso de que el artículo sea rechazado». Y he utilizado su consejo varias veces.

Adoptar un abordaje sin límites —especialmente si nos enfrentamos a desafíos y dificultades— también es muy útil cuando nos encontramos con personas difíciles. En el mundo actual de los medios de comunicación social, parece imposible efectuar una declaración sobre cualquier cuestión sin que suscite rechazo, en ocasiones con bastante agresividad. He experimentado reacciones extremas y ofensivas muchas veces, y ahora sé que es importante mantenerse fuerte en esos momentos y tratar de extraer algo positivo de todo ello. En lugar de desechar un desafío o de castigarse a uno mismo, hay que pensar: «Aprenderé algo de esta situación y lo aprovecharé para mejorar».

Karen Gauthier empezó a adoptar este enfoque del fracaso tras conocer la nueva ciencia del crecimiento cerebral. Karen es una profesora y madre que creció —como ella misma lo describe— como una «muda selectiva», porque «era más fácil no decir nada que equivocarse». Cuando era pequeña, sus padres le permitían renunciar a las cosas que le resultaban difíciles. De ese modo, abandonó el *softbol*, el piano y otras actividades en las que experimentaba dificultades. Los profesores y los padres podemos pensar que es mejor permitir que los niños se rindan para evitarles problemas. Sin embargo, por más que nos parezca que les prestamos nuestro apoyo, esa actitud es contraproducente.

Recuerdo encontrarme en Railside, en un aula muy eficaz de secundaria, viendo a una alumna trabajar en matemáticas en la pizarra. Estaba explicando su trabajo a la clase y, de pronto, se detuvo. Vaciló y dijo que no sabía cómo seguir. Entonces toda la clase se quedó mirándola en silencio. Tal vez a un observador ajeno la situación pudiese parecerle horrible. Pero la maestra le dijo a la niña que no se sentara y que continuase. La alumna permaneció en la pizarra, superó su confusión y siguió con el problema.

Más tarde, al reflexionar sobre ese momento, la niña dijo algo que me sorprendió: «La profesora no se dio por vencida conmigo». Los otros alumnos de la clase se mostraron de acuerdo con ella, interpretando el hecho de que su profesora los animase a hacer cosas difíciles como una señal de que confiaba en ellos. Esta fue una de las primeras ocasiones en que establecí el vínculo entre alentar a nuestros alumnos o a nuestros hijos a afrontar situaciones difíciles y que ellos lo interpreten como un inspirador voto de confianza.

Karen, que había elegido ser profesora porque quería proporcionar a los alumnos una experiencia mejor que la que ella había tenido, era una mujer extraordinaria que recibió el premio Profesora del Año del condado de Orange. Poco después, fue invitada a ser formadora de matemáticas del condado, y durante esa época experimentó lo que ella describió como un completo fracaso. Al empezar a trabajar como formadora, pidió a los profesores que probaran nuevos métodos, pero estos no se mostraron receptivos a sus ideas. Karen recordó que, tras diez semanas en el trabajo, se dio cuenta de que estaba fracasando en su nuevo cometido. Fue entonces cuando retornó a su infancia, pensando: «Dios mío, no soy lo suficientemente buena. ¿A quién estoy engañando? No puedo hacerlo».

Karen describió que pasó unos días muy duros, durante los cuales una amiga la ayudó a generar más resiliencia y autoconfianza. En esa época de vacilaciones, leyó con interés la investigación sobre los errores y el crecimiento del cerebro, lo cual propició un cambio en ella. Dicho con sus propias palabras:

Y entonces, de repente, experimenté un completo cambio de mentalidad. Era como si me dijese «Espera un minuto. Esta es una oportunidad. No es algo a lo que vaya a... renunciar, diciendo "Eso es todo. Se ha terminado"».

Esta es, exactamente, la reacción que, en momentos de dificultad, caracteriza a las personas sin límites, es decir, pensar que el desafío es algo que va a sacar lo mejor de nosotros y que constituye una gran oportunidad.

Parte del proceso de Karen pasó por darse cuenta de que todo el mundo fracasa —aunque hay gente que pasa por la vida comportándose como si no fuera así— y que otras personas también se sentían de la misma manera que ella. Ahora Karen puede mirar atrás, a esa experiencia difícil, y abordar el fracaso y la dificultad de forma distinta. También dijo que la metáfora del valle y la montaña le permitió verse a sí misma bajo una nueva óptica:

> Cuando estás en el valle, te hayas en el profundo y oscuro foso del cambio: honra ese momento, trabaja con él y, algún día, estarás en la montaña, mirando hacia atrás agradecida.

Karen también comentó que parte de su transformación consistió en cambiar su propia manera negativa de referirse a sí misma por una forma positiva de hacerlo y en ser más cuidadosa para tratar de tener pensamientos positivos.

Antes de que realizase su transición y se desbloqueara, me dijo que la crianza de sus hijos reflejaba su propia infancia, permitiendo que los niños desistiesen de las actividades que les planteaban dificultades. Eso ahora ha cambiado, y Karen recuerda una experiencia de parentaje que «cerró el círculo» en ese sentido:

> Uno de los mejores ejemplos ocurrió con mi hijo. Fue hace dos años, cuando lo llevaba a su último partido de béisbol en la liga infantil. Nunca había bateado un jonrón y, mientras lo llevaba hacia allí, me dijo:
> —Bueno, es mi último partido. Supongo que nunca voy a batear un jonrón.

–Bien, ¿qué es lo que piensas? ¿Crees que puedes hacerlo? –le pregunté.

–No lo sé –me respondió.

–Cuando te sitúes en la base del bateador –le dije–, repite «soy, soy...» y termina la frase con lo que quieras, como, por ejemplo, «Soy lo suficientemente fuerte. Soy bueno. Voy a batear un jonrón».

Y así lo hizo. ¡Lo consiguió! Mientras caminaba hacia la base, yo le gritaba: «¡Soy...!» Y me miró como si me dijese: «¡Oh, mamá, cállate!». Y luego bateó el jonrón... ¡Yo no dejaba de gritar!

El proceso de desbloqueo de Karen fue importante para ella como profesora de matemáticas y como madre. Hace poco, fue consecuente con su mentalidad de crecimiento y solicitó un puesto de trabajo más alto, el cual le fue concedido; ahora es especialista en currículos en uno de los distritos escolares más grandes de California. Karen dijo que, antes de conocer la importancia de asumir los retos, nunca habría solicitado ese puesto. El proceso de desbloqueo de Karen, que le costó unos cuantos años, se inició con el aprendizaje de la ciencia del cerebro, la cual le mostró la importancia de las dificultades y los errores. Todos estamos en un viaje en nuestro propio proceso de volvernos ilimitados y de ser capaces de aceptar plenamente los desafíos. Karen llegó al punto en el que vio que el fracaso era una oportunidad.

Es en la gestión del fracaso donde realmente brilla la cualidad de la ausencia de limitaciones. Las personas con una mentalidad de crecimiento abordan de manera adecuada los retos difíciles y muchas veces tienen éxito, pero ¿cómo reacciona, cuando fracasa, la persona con una mentalidad de crecimiento? Quienes fracasan y siguen sin inmutarse son derribados y se levantan de nuevo, reciben un empujón y lo ven como una señal positiva de que están haciendo algo importante, esas son las personas que carecen verdaderamente de limitaciones. Es fácil sentirse abierto y libre cuando las cosas van bien; es cuando van mal y los desafíos o la agresividad se interponen en nuestro camino cuando es más importante carecer de límites.

Kate Rizzi es, en mi opinión, una de las personas que mejor ejemplifica lo anterior. Cuando era niña, era extremadamente curiosa. Pero su familia no valoraba la curiosidad, sino más bien acatar las órdenes y mostrarse obediente. Sentir que su curiosidad era inapropiada hizo que Kate se cuestionara quién era y, en consecuencia, que no se valorase. Ese tipo de desaprobación hizo que sintiera que debía contraerse para convertirse en una persona diferente. Este es un sentimiento devastador, experimentado también por muchos jóvenes gays y transgénero. Sin embargo, esa «contracción» se tradujo en una falta de confianza en sí misma. Kate describió el sentimiento que la atenazó durante buena parte de su infancia como «tratar de probar que eres inteligente sintiendo que no lo eres» y de acudir a la escuela y a la universidad preocupada por ser «descubierta».

El punto de inflexión de Kate fue un curso en Landmark Education, en el que recibió información acerca del cerebro y las diferentes maneras de enfocar la vida. Kate supo de la existencia del área límbica del cerebro, un área que se desarrolló en época prehistórica para proteger a los primeros seres humanos de peligros tales como los tigres de dientes de sable. Ya no tenemos que preocuparnos de si, al doblar la esquina, seremos ferozmente atacados por un animal salvaje, pero la región límbica de nuestro cerebro todavía se activa con mensajes como: «No lo hagas. No corras ese peligro. No asumas ese riesgo». Kate aprendió en aquel curso que podemos y debemos resistirnos a ese tipo de pensamientos.

Recordaba la forma en que el curso la ayudó a cobrar mayor conciencia de sus propios sentimientos y de su poder para cambiar sus experiencias. También dijo que, antes de asistir a ese curso, siempre estaba en «alerta máxima» para evitar que alguien la descubriese, un sentimiento que mucha gente ha compartido conmigo. Pero, tras participar en el curso, comenzó el proceso de convertirse en una persona sin límites, algo que ella expresó en términos de «acometer su vida como si se tratase de un experimento».

Poco después de terminar el curso, Kate vio un anuncio de trabajo que, según comentó, nunca antes hubiese tenido en cuenta. El trabajo era el de asistente del decano de la facultad de comunicación de su universidad. Armada con este nuevo enfoque, decidió solicitar el trabajo y lo consiguió. Kate describe la experiencia de conseguir ese trabajo como el primer «dato» cosechado en su nuevo «experimento de vida», es decir, que es posible intentar cosas arriesgadas y que estas pueden funcionar. Con el paso del tiempo, dejó de tener miedo a la vida y comenzó a hacer caso a su pasión, guiada por sus intereses, en lugar de por el miedo.

Sin embargo, en fecha reciente, Kate tuvo que afrontar un gran obstáculo. En su carrera profesional, había alcanzado un puesto de especialista en el aprendizaje, pero solo llevaba en él cuatro meses cuando fue despedida de manera inesperada e inexplicable. Al parecer, la escuela en la que trabajaba no estaba preparada para las importantes ideas vanguardistas que ella trataba de promover.

Mucha gente se desmoronaría ante esa circunstancia, pero Kate había ido desbloqueándose a lo largo de los años y fue capaz de replantearse su situación, viéndola como una oportunidad y no como un fracaso. Superada la conmoción inicial, decidió considerar que el cese de su trabajo era una gran oportunidad para la renovación y la creatividad. Y, en lugar de buscar otro empleo, creó el suyo propio, y en este momento trabaja como facilitadora educativa conectando escuelas y familias. Kate se reúne con los profesores en representación de los alumnos y afirma que «le encanta» lo que hace ahora. Hablando con ella, me resultaba difícil no sentirme impresionada por el cambio que había llevado a cabo, desde aquella niña y aquella joven que vivía «con miedo a que la descubriesen», hasta la mujer fuerte que es en la actualidad y que no se deja disuadir fácilmente.

Sabemos ahora que nuestro cerebro crece y cambia de continuo. También sabemos que cometer errores y experimentar dificultades mejora el aprendizaje y el crecimiento. En combinación, estas dos claves nos liberan de los mitos del cerebro fijo que impregnan buena parte del mundo en que vivimos. Si nos damos cuenta de que podemos aprender cualquier cosa y de que las dificultades son un signo de algo positivo, aprendemos de manera más provechosa y también interactuamos de modo distinto. Cuando dejamos de creer que tenemos que saberlo todo, nos permitimos ser vulnerables y compartimos nuestra incertidumbre. En lugar de sentirnos preocupados de que se descubra que «no lo sabemos todo», esto nos anima a aportar ideas en las reuniones. Esta transformación resulta emancipadora y liberadora. La nueva ciencia del cambio cerebral y los beneficios derivados de las dificultades son transformadores, sin importar si somos estudiantes, educadores, padres o gestores. Trascender los propios límites es un proceso que está al alcance de todos nosotros. En el próximo capítulo, presentaremos un sorprendente y valioso avance científico relacionado con este proceso.

Capítulo 3
CAMBIAR NUESTRA MENTE PARA CAMBIAR NUESTRA REALIDAD

AUNQUE TODAS LAS CLAVES DE APRENDIZAJE que presentamos son importantes, algunas de ellas son realmente sorprendentes. Y la clave de aprendizaje que abordaremos en este capítulo es quizá la más sorprendente de todas. Dicho de manera muy sucinta, lo que creemos acerca de nosotros mismos hace que nuestro cerebro —y nuestro cuerpo— funcione de una determinada manera. Antes de empezar a explicar de qué modo se transforman los alumnos cuando cambian las creencias que albergan sobre sí mismos, me gustaría compartir la asombrosa evidencia de los cambios corporales que ocurren en nuestros músculos y órganos internos cuando modificamos la forma en que nos percibimos a nosotros mismos.

> CLAVE DE APRENDIZAJE 3
> Cuando cambiamos nuestras creencias, nuestro cuerpo y nuestro cerebro también cambian.

CREENCIAS Y SALUD

Con el fin de estudiar el impacto que tienen nuestras creencias sobre la salud, Alia Crum y Octavia Zahrt, investigadoras de Stanford, recopilaron datos de 61.141 personas durante un extenso periodo de 21 años. Las investigadoras observaron que los sujetos que pensaban que hacían más ejercicio estaban, de hecho, más sanos que los que creían que hacían menos, incluso cuando la actividad física de ambos grupos era la misma. La diferencia entre los pensadores negativos y los pensadores positivos era increíble: los que pensaban negativamente eran un 71% más propensos a fallecer durante el periodo de seguimiento que quienes albergaban creencias positivas acerca de su ejercicio.[1]

En otro estudio longitudinal, los investigadores encuestaron a adultos de alrededor de 50 años de edad para comprobar cuáles eran sus sentimientos respecto al envejecimiento. Estos adultos fueron asignados a diferentes categorías, dependiendo de si tenían creencias positivas o negativas en este sentido. Los adultos con un pensamiento positivo vivían un promedio de siete años y medio más que los que tenían creencias negativas, una superioridad que se mantuvo tras ajustar la línea basal de salud y otras variables.[2] En otro estudio, en el que participaron 440 personas, de entre 18 y 49 años de edad, quienes tenían ideas negativas sobre el envejecimiento al comienzo del estudio mostraron una mayor probabilidad de experimentar un episodio cardiovascular durante los siguientes 38 años.[3] Y, en una investigación efectuada con adultos más jóvenes –de entre 18 y 39 años–, las personas que albergaban creencias negativas a este respecto tenían dos veces mayor probabilidad de padecer un episodio cardiaco una vez cumplidos los 60 años.[4]

En otro estudio, Alia Crum y Ellen Langer efectuaron un interesante experimento con personal de limpieza del sector de la hostelería, a quienes dividieron en dos grupos. A un grupo se le dijo que su trabajo de limpieza satisfacía las recomendaciones de la Dirección General de Salud Pública de Estados Unidos en cuanto a un estilo de vida activo, mientras que al otro grupo no se le proporcionó esta información. Aunque el comportamiento de las personas en ambos grupos fue idéntico, al cabo de cuatro semanas el grupo que creía que su trabajo era más saludable, en comparación con el grupo de control, ¡mostró una disminución en el peso, la presión arterial, la grasa corporal, la relación cintura/cadera y el índice de masa corporal! Este resultado revela que lo que pensamos acerca del ejercicio que llevamos a cabo puede hacer que baje nuestro peso y mejore nuestra salud.[5] Los investigadores concluyeron que, antes de empezar el estudio, los trabajadores no pensaban que estaban haciendo un ejercicio adecuado y que, por lo tanto, aprender que su trabajo era un buen ejercicio tuvo una gran repercusión en ellos. Esta creencia cambió su forma de pensar sobre el ejercicio y, probablemente, sobre su vida. La mejora de la mentalidad modificó el funcionamiento de su cuerpo, de la misma manera que sabemos que el cambio de mentalidad también afecta al funcionamiento del cerebro.

Nuevas investigaciones también ponen de manifiesto que el enfoque mental nos permite desarrollar nuestra fuerza muscular y tener más éxito cuando aprendemos a tocar instrumentos musicales, sin ni siquiera ensayar o hacer ejercicio. Los investigadores entrenaron a varias personas para desarrollar fuerza muscular sin utilizar sus músculos, sino limitándose a imaginar que los utilizaban.[6] Los participantes en el estudio fueron asignados a un grupo de entrenamiento mental o bien a un grupo de entrenamiento físico. A los que llevaron a cabo el entrenamiento mental se les pidió que imaginasen que empujaban algo con las manos, mientras que a los que participaron en el entrenamiento físico se les pidió que realmente empujaran algo con las manos para desarrollar fuerza muscular. El entrenamiento duró 12 semanas, con cinco entrenamientos de un cuarto de hora semanal. El grupo que imaginaba que empujaba aumentó su fuerza física en un 35% y el grupo de entrenamiento físico incrementó su fuerza en un 53%.

Los investigadores explican este resultado aduciendo que la fuerza mejoró sin que los músculos se movieran realmente y señalando que el entrenamiento mental optimizó la señal de salida cortical, lo que lleva a los músculos a un nivel de activación más alto y aumenta la fuerza. Y el estudio concluye: «La mente tiene un notable poder sobre el cuerpo y su musculatura». Cuando les hablé a mis colegas sobre esta investigación, bromearon diciendo que estaban muy contentos por no tener que acudir al gimnasio; ¡todo lo que tenían que hacer era pensar en ello! Y, en parte, tenían razón. Cuando nuestra mente imagina de manera focalizada que está ejercitando los músculos, estos de hecho se fortalecen gracias a una mejor estimulación cerebral.

Otro estudio, efectuado con pianistas, arroja resultados igualmente impresionantes.[7] Se contrató a varios pianistas profesionales para que aprendiesen a interpretar una determinada pieza musical. La mitad de ellos se entrenó imaginando que interpretaban la música, mientras que la otra mitad se entrenó tocándola realmente. El grupo que imaginó que tocaba la pieza no solo mejoró su interpretación, de modo que eran casi indiferenciables de los que realmente la tocaron, sino que también mejoró, al igual que los intérpretes reales, en cuanto a velocidad de movimiento, tiempo de ejecución y patrones de anticipación de movimiento. Los investigadores señalan que la práctica imaginaria es beneficiosa para los pianistas, puesto que les ahorra el uso excesivo de sus manos, lo que puede abocar al sobresfuerzo físico.[8]

CREENCIAS Y CONFLICTOS

No es exagerado afirmar que el trabajo sobre la mentalidad, efectuado por mi colega Carol Dweck, ha cambiado la vida de millones de personas. Todos tenemos diferentes mentalidades acerca de nuestra propia capacidad. Algunas personas creen que son capaces de aprender cualquier cosa, mientras que otras consideran que su inteligencia es fija y que hay límites en cuanto a lo que pueden aprender. Ella y su equipo han realizado numerosos estudios que demuestran la importancia de las ideas que tenemos sobre nosotros mismos. Pero, antes de compartir algunas de las formas en que el cambio de mentalidad puede modificar los logros de la persona, me ocuparé de algunos nuevos e increíbles trabajos que el equipo de investigación de la mentalidad ha estado llevando a cabo acerca de la capacidad de las personas para resolver los conflictos y volverse más pacíficas.

Conocí a David Yeager mientras era estudiante de doctorado en Stanford; ahora es psicólogo en la Universidad de Texas, en Austin. Él y Carol Dweck han llevado a cabo una importante investigación sobre la relación de la mentalidad y los conflictos, descubriendo que las personas con una mentalidad fija (individuos que creen que sus habilidades y cualidades son estáticas y no pueden ser cambiadas) tienen una mayor tendencia a desquitarse de manera agresiva durante los conflictos. Sin embargo, si se les proporciona información que les hace cambiar de opinión, desaparecen estas tendencias agresivas.[9]

Los investigadores señalan que los individuos con una mentalidad fija tienen más probabilidades de ser agresivos, ya que creen que las personas —incluidas ellos mismos— no pueden cambiar y que cualquier fracaso que experimenten es una indicación de su propia debilidad a este respecto, lo que les lleva a albergar más sentimientos negativos sobre sí mismos. Las personas con una mentalidad fija sienten mayor vergüenza, ven a sus adversarios como gente negativa y expresan odio hacia ellos.

Por su parte, los investigadores han constatado que las personas con una mentalidad de crecimiento responden a los conflictos con menos rencor, menos vergüenza y menos necesidad de ser agresivas. Esta respuesta más positiva ante los conflictos se debe a que consideran que los demás tienen la posibilidad de cambiar. Es importante subrayar que los sentimientos agresivos que experimentaban las personas con mentalidad fija no son invariables y que, cuando se les ayuda a desarrollar una mentalidad de crecimiento, se tornan más indulgentes y desean ayudar a otros a actuar de mejor manera en el futuro.

En otros estudios, los investigadores también han observado que las personas con una mentalidad de crecimiento albergan menos prejuicios raciales.[10] Cuando la gente se percata de que los otros no tienen un pensamiento fijo, pueden llegar a tener menos prejuicios y cambian la forma en que interactúan con los que pertenecen a otros grupos raciales.

Estos nuevos estudios revelan algo importante acerca de la forma en que las creencias fijas influyen en muchos aspectos de nuestra vida. La investigación también pone de relieve que, cuando alguien transforma su mentalidad y empieza a creer en el cambio personal, se abre de diferentes maneras, sintiendo incluso menos agresividad hacia los demás. Y no solo eso, sino que la ciencia nos demuestra que modificar nuestras creencias mejora nuestra salud y bienestar. A la vista de estos impresionantes resultados, tal vez ya no nos sorprenda que el hecho de cambiar las creencias referentes a nuestro aprendizaje y nuestro potencial repercuta significativamente en la mejora del rendimiento.

CREENCIAS Y APRENDIZAJE

Un estudio de referencia, llevado a cabo por Lisa Blackwell, Kali Trzesniewski y Carol Dweck, demuestra claramente el impacto que tienen las distintas creencias en el aprendizaje de los alumnos. En el estudio participaban estudiantes de matemáticas de primero y segundo de secundaria,[11] los cuales fueron asignados a dos grupos que solo diferían en la forma en que pensaban acerca de sí mismos, es decir, en su mentalidad. Ambos grupos de estudiantes acudían al mismo instituto y tenían idénticos profesores. La gráfica que mostramos más abajo evidencia que los alumnos que albergaban creencias positivas tuvieron una trayectoria ascendente en sus resultados, pero los que tenían una mentalidad fija permanecieron invariables y obtuvieron unas notas más bajas. En la actualidad, existen muchos estudios que han replicado este resultado, revelando la importancia de la mentalidad de las personas a cualquier edad.

En el último capítulo, presentamos una investigación realizada por Jason Moser y colegas que demuestra que los errores son productivos desde el punto de vista del crecimiento y la actividad cerebral.[12] Ese estudio destaca que, cuando las personas con mentalidad de crecimiento cometen errores, experimentan una actividad cerebral significativamente mayor que las personas con mentalidad fija. El equipo ha creado mapas de activación que muestran la actividad en los cerebros estudiados. Estos

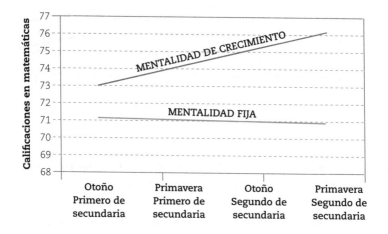

mapas revelan que, en comparación con los mapas de las personas con mentalidad fija, el cerebro de las personas con mentalidad de crecimiento brilla, casi como si el crecimiento los pusiera incandescentes.

El resultado de esta investigación evidencia algo muy importante: muestra en términos concretos que lo que uno cree acerca de sí mismo cambia realmente la forma en que funciona su cerebro. Durante muchos años, hemos pensado que nuestras emociones están separadas de la cognición o el conocimiento, pero esto no es cierto porque, de hecho, ambos factores se hallan entrelazados. Al cometer errores, quienes creían en su propio potencial experimentaron una actividad cerebral más beneficiosa que aquellos que no tenían la misma creencia.

Este hallazgo tiene un enorme valor para todos nosotros. Si uno se enfrenta a una situación difícil creyendo en sí mismo, pero luego se equivoca, su cerebro reaccionará de manera más positiva que si afronta esa misma situación pensando: «No creo que pueda hacerlo». Cuando afrontamos una tarea difícil o una situación problemática en casa, este hallazgo debería inducirnos a participar en esas situaciones creyendo más en nosotros mismos. Si nos adentramos con creencias positivas en situaciones difíciles, nuestro cerebro se volverá más resiliente y adaptable cuando cometamos errores que en el caso de que dudemos de nosotros mismos. Este cambio en las creencias altera las estructuras físicas del cerebro y abre vías para el razonamiento de alto nivel y la resolución creativa de problemas. Del mismo modo que las personas que creen que hacen ejercicio sano incrementan su salud, las que consideran que están aprendiendo de manera más productiva también aprenden más.

El resultado del estudio de Moser nos ayuda asimismo a entender el gráfico del estudio de Blackwell, Trzesniewski y Dweck, que muestra una trayectoria ascendente en el rendimiento de los alumnos con una mentalidad de crecimiento. Esta trayectoria no parece tan sorprendente cuando sabemos que, cada vez que cometían un error, aumentaba su actividad cerebral. Este simple resultado de la investigación arroja luz sobre el bajo rendimiento de otros alumnos en la escuela, ya que muchos de ellos creen que no están hechos para las materias que estudian. Sabemos ahora que la idea de que algunas personas son adecuadas para las «matemáticas» y otras no, es un mito perjudicial.

CAMBIAR LA MENTALIDAD

Existen pruebas abrumadoras que demuestran la relevancia del progreso que los alumnos pueden lograr cuando creen en su potencial de aprendizaje y abandonan la creencia de que su rendimiento se halla determinado genéticamente. Por tanto, es fundamental generar oportunidades para que nuestros alumnos, nuestros hijos y las personas con las que trabajamos desarrollen una mentalidad de crecimiento y comprendan de dónde proceden las diferentes mentalidades. Uno de los estudios llevados a cabo por Dweck mostraba que la mentalidad de los niños, derivada del tipo de elogios que les dedican sus padres, se desarrolla a la edad de tres años. En su estudio, Dweck y sus colegas constataron que los cumplidos que se dedican a los niños entre los catorce y los treinta y ocho meses de edad predicen el tipo de mentalidad de esos niños cuando tengan entre siete y ocho años.[13] El tipo de elogios perjudiciales que reciben de los padres les infunden la idea de que su capacidad esa fija. Cuando se les dice que son inteligentes, al principio piensan que eso es bueno, pero cuando se equivocan en algo, deciden que no son tan inteligentes y empiezan a valorarse a sí mismos teniendo como telón de fondo esa idea fija.

Otro de los estudios de Dweck reveló el impacto inmediato de la palabra «inteligente». Se asignó a dos grupos de alumnos una tarea compleja. Al concluirla, un grupo recibió elogios por ser «realmente inteligentes» y el otro por trabajar muy duro. A ambos grupos se les ofreció la posibilidad de elegir entre dos tareas de seguimiento, una descrita como fácil y la otra definida como desafiante. El 90% de los alumnos elogiados por trabajar duro eligieron la tarea más exigente, mientras que la mayoría de los estudiantes elogiados por su «inteligencia» se decantaron por la tarea más sencilla.[14] Cuando se alaba a los alumnos por ser inteligentes, quieren mantener esa etiqueta y eligen una tarea de fácil seguimiento para continuar pareciendo «inteligentes».

Este tipo de pensamiento a menudo es el que interviene cuando los alumnos optan por no participar en asignaturas exigentes, tales como matemáticas y ciencias. El mayor grupo de estudiantes de mentalidad fija en el sistema educativo de Estados Unidos son las niñas con alto rendimiento escolar. En otro de sus estudios, Dweck y sus colegas observaron que las niñas con una mentalidad fija eran las que tenían más probabilidades de abandonar las matemáticas y las ciencias. Uno de estos estudios se llevó a cabo en el Departamento de Matemáticas de Columbia, donde los investigadores verificaron la prevalencia de los estereotipos y el hecho de que las mujeres recibían el mensaje de que esas asignaturas no eran adecuadas para ellas. Las jóvenes con una mentalidad de crecimiento fueron capaces de rechazar ese tipo de mensajes y seguir adelante, pero las que tenían una mentalidad fija abandonaron su educación científica y tecnológica (STEM).[15]

Entonces, ¿cómo desarrollamos una mentalidad de crecimiento? Este proceso puede compararse a un viaje, pero no a un interruptor que pueda ser accionado para provocar un cambio instantáneo. Sin embargo, las mentalidades pueden cambiar. En una serie de estudios realizados, la mentalidad de las personas cambia cuando se les muestra la evidencia del crecimiento y la plasticidad cerebral de la que venimos hablando en los dos últimos capítulos. Y, tanto en el aula como en los talleres que dirijo, también es esa mi experiencia. Una vez que los individuos cobran conciencia de lo que dice la ciencia, comienza a ocurrir el crecimiento y el cambio. Eso no solo es algo que observo en estudiantes y que escucho a profesores de todo el mundo, sino que la ciencia también lo respalda.

El hecho de recibir información de que el cerebro es similar a un músculo que se desarrolla con el esfuerzo y el trabajo modifica el nivel de logro de los alumnos. En un importante estudio sobre la mentalidad, un grupo de investigadores diseñó un experimento en el que se ofrecieron talleres a dos grupos de alumnos de primero de secundaria; uno de los grupos recibió información sobre las habilidades de estudio, mientras que el otro recibió ma-

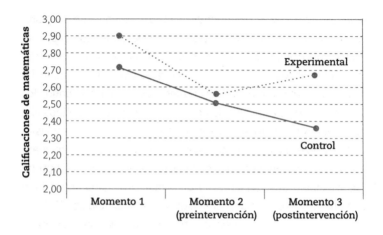

terial sobre el crecimiento cerebral y la mentalidad.[16] Los niveles de rendimiento general de los alumnos disminuyeron durante el curso de primero de secundaria. En cambio, esa disminución se invirtió y sus niveles de rendimiento mejoraron en el caso de los alumnos que asistieron a un taller sobre la mentalidad.

Parte de la razón por la que Cathy Williams y yo fundamos youcubed, nuestro centro en Stanford, fue compartir con los alumnos las evidencias relativas a la mentalidad y el crecimiento del cerebro. En la entrevista de estudio que realizamos para este libro a 62 adultos que reportaron cambios, quedó claro que se puede cambiar a cualquier edad. Las entrevistas también revelaron la forma precisa en que las creencias fijas bloquean a las personas y, por el contrario, de qué modo la mentalidad y las ideas de crecimiento pueden abrirlas.

Mariève Gagne es una profesora canadiense francófona que creció, como muchas otras personas, pensando que no carecía de la aptitud adecuada para las asignaturas STEM. Curiosamente, desarrolló esta creencia perjudicial a pesar de que, en su escuela, se hallaba en el grupo de alumnos con mejores calificaciones. Pero el hecho de no ser la mejor alumna de ese grupo la indujo a sentir que no era suficientemente buena. Esto nos indica la extensión del pensamiento dañino. Incluso los estudiantes con calificaciones excelentes creen que, si no están en la cúspide de su clase, no poseen las aptitudes requeridas.

En la película que hicimos en youcubed sobre los efectos perjudiciales que acarrea ser etiquetado como «dotado», Jodie, una estudiante universitaria de Stanford, señala que creía que no podía seguir estudiando ingeniería porque «no era la mejor alumna en las clases de matemáticas y de química». Es esta comparación social la que hace que los alumnos —que acceden a la universidad ávidos por aprender— decidan de pronto que no son suficientemente buenos. Este es el comienzo de un declive en lo que es posible para ellos. Es la noción de que el cerebro es fijo la que aboca a este tipo de creencias rígidas y de comparaciones improductivas.

Tan importante como abordar las ideas referentes a la comparación social es sensibilizar a los estudiantes sobre el valor del esfuerzo. He mantenido muchas conversaciones con alumnos de todas las edades que argumentan que el cerebro es fijo, dado que algunas personas parecen llegar más rápidamente a conclusiones y estar naturalmente «dotadas» para ciertas áreas temáticas. Lo que no saben es que el cerebro crece y cambia cada día y que cada momento es una oportunidad para el desarrollo y el crecimiento cerebral. Lo que ocurre es que algunos simplemente desarrollan circuitos más fuertes en una escala de tiempo distinta. Es vital que los alumnos comprendan que, si adoptan el enfoque correcto para el aprendizaje, ellos también pueden desarrollar esos circuitos en cualquier momento y ponerse a la altura de otros.

Angela Duckworth, autora del exitoso libro *Grit*,[17] subraya este particular en su relato sobre David, un alumno de álgebra al que enseñaba en Lowell High School (San Francisco) como parte de una clase para alumnos de bajo rendimiento académico y que, por supuesto, no tenían acceso a los cursos superiores. Sin embargo, David trabajó muy duro y sacó adelante todas sus evaluaciones, así que ella llevó a cabo los arreglos necesarios para que cambiase al curso superior. La transición de David fue accidentada y, al principio, suspendió los exámenes de su nueva clase. Pero David se lo tomó como una oportunidad para averiguar qué estaba haciendo mal y mejorarlo.

En su último curso, asistió a la versión más difícil de las dos posibles de la asignatura de cálculo y logró la nota más alta en el examen de acceso a la universidad. David estudió ingeniería en Swarthmore y ahora es ingeniero aeroespacial. Las cosas podrían haber sido muy diferentes para él si se hubiese dado por vencido cuando fue asignado a la clase de matemáticas de bajo nivel y si no hubiera tenido una profesora que luchase por él para que pasara a la clase más avanzada de matemáticas. Sin embargo, hay muchos otros alumnos que no cuentan con esas facilidades y que terminan con notas bajas simplemente porque no tuvieron acceso a contenidos de nivel superior o porque no creían que pudieran tener éxito.

Cuando se desilusionan porque otros están por delante de ellos o se quejan de que no entienden algo, una palabra que los defensores de Carol Dweck siempre utilizan con esos alumnos es «todavía». Cuando les pido a los adultos que representen visualmente una idea, a menudo les oigo decir:

—Soy muy malo dibujando.

—Lo que quieres decir es que todavía no has aprendido a dibujar bien —les respondo.

Aunque esto pueda parecer un cambio lingüístico insignificante, es muy importante porque traslada el foco desde la percepción de la deficiencia personal hasta el proceso de aprendizaje.

Es igualmente importante que los profesores comiencen la primera clase del año compartiendo la ciencia del crecimiento del cerebro y diciéndoles a los alumnos que, si bien tal vez no sean iguales entre sí, cualquiera de ellos puede aprender el contenido que se va a enseñar y que el hecho de que el aprendizaje sea más o menos productivo se debe en parte a lo que piensen al respecto. Este mensaje liberador es lo contrario del mensaje del profesor antes mencionado: «Nadie supera el aprobado en esta clase». En el capítulo 1, he citado la investigación referente a las proporciones inferiores de mujeres y de estudiantes negros en aquellas materias en las que los docentes consideran que los alumnos necesitan un determinado talento para tener éxito. Este resultado se debe, en parte, a que los maestros y profesores que creen en el talento transmiten a los estudiantes que solo algunos de ellos tendrán éxito. Y es que, cuando comunican esa idea, solo algunos *tienen* éxito.

Los padres tenemos muchas oportunidades de observar el daño causado por la comparación social y de dirigirnos a nuestros hijos de manera que los ayudemos a mejorar. Los hermanos tienen infinitas ocasiones para compararse entre sí, y muchos niños desarrollan ideas negativas sobre su potencial porque piensan que un hermano aprende las cosas con más facilidad. La comparación social es particularmente perjudicial cuando se basa en una supuesta dotación genética. Para los niños, es desmoralizante pensar que su hermano, o su compañero de clase, ha nacido con un cerebro mejor y que ese cerebro siempre será superior. Sería más positivo si, en lugar de eso, los niños percibiesen la capacidad de un compañero o de un hermano como un reto y una oportunidad: «Si él puede hacerlo, yo también».

En el caso de que los alumnos reciban información acerca de la mentalidad y del crecimiento del cerebro, se dan cuenta de algo de importancia crítica: sin importar el punto en el que se hallen en su aprendizaje, pueden mejorar y, a la postre, sobresalir. Esto se hizo bien patente en un estudio llevado a cabo con alumnos que empezaban la educación secundaria. El 68% de ellos experimentaron una caída en las calificaciones en su primer semestre y reportaron sentirse estresados por ello (enseñándonos, de paso, algo sobre el daño causado por las prácticas de calificación).[18] Sin embargo, los alumnos que tenían una mentalidad de crecimiento fueron más propensos a percibir ese retroceso como algo provisional y mostraron niveles de estrés más bajos. En cambio, los alumnos con una mentalidad fija percibían los reveses de manera más negativa y mostraban niveles de estrés más elevados.[19] Esto tiene sentido, ya que los alumnos con una mentalidad fija interpretan cualquier momento de bajo rendimiento como la evidencia de que no tienen el tipo correcto de cerebro.

Mariève, que se había sentido incapaz de seguir los cursos STEM porque no era la alumna más sobresaliente de su grupo, desarrolló una mente sin límites en la edad adulta, en el momento en que descubrió la neuroplasticidad. Además, contactó con comunidades de profesores en las redes sociales que compartían ideas positivas acerca de los alumnos y conocimientos sobre el crecimiento del cerebro. Cuando se unió al grupo de Twitter, se sorprendió al encontrar tanta buena información disponible. Durante nuestra entrevista, me comentó: «Vaya, ¿dónde he estado todos estos años?».

Se entusiasmó tanto con el potencial de los estudiantes, y con el suyo propio, que se ha hecho un tatuaje matemático y ahora enseña matemáticas en una escuela para adultos que no han concluido la educación secundaria, personas que se benefician inmensamente de la información científica y el aliento que ella les dedica. Hablar con Mariève y presenciar su entusiasmo por aprender me hizo reflexionar en que, si no hubiera leído sobre neurociencia y no se hubiera dado cuenta de que las percepciones con las que había vivido —es decir, que no tenía el «cerebro correcto»— estaban equivocadas, esta asombrosa profesora podría no haber encontrado el camino de vuelta a las matemáticas.

Parte del proceso de cambio y de superación de los propios límites implica abandonar la idea de que nuestros fracasos del pasado se produjeron porque había alguna deficiencia en nosotros. Un cambio igualmente importante es percatarnos de que no tenemos que vivir nuestra vida como si fuésemos «expertos», que podemos intervenir en determinadas situaciones y compartir con orgullo nuestra incertidumbre. Jesse Melgares me habló de estos dos aspectos del cambio que afrontó cuando se desbloqueó. Jesse es actualmente subdirector en el distrito este de Los Ángeles, pero en el pasado enseñaba matemáticas y, como él mismo dijo, era «extremadamente tímido», pensando que no sabía lo suficiente y que no podía cambiar eso. Cuando Jesse se convirtió en subdirector, tuvo que formar a profesores de matemáticas, pero temía que descubriesen que era un fraude:

> Para ser honesto, me sentía muy estresado cuando alguien me formulaba una pregunta relacionada con las matemáticas... Era terrible, como tener una bota encima del pecho. Cada mañana al despertar dudaba: «¿Me van a preguntar algo para lo que no tengo respuesta y descubrirán entonces que soy una especie de fraude?»

El sentimiento de estrés paralizante que Jesse describe, el miedo a que le preguntasen algo para lo que no tenía respuesta, es un sentimiento compartido por millones de personas en diferentes situaciones y trabajos, y es un sentimiento que espero que este libro contribuya disipar. Para Jesse, el cambio comenzó cuando asistió a uno de mis cursos *online* y se dio cuenta de lo siguiente: «Todo lo que me enseñaron como alumno de matemáticas desde la educación infantil hasta el bachillerato, y también como formador, estaba equivocado».

Para Jesse, el primer paso para liberarse de esas ideas fue darse cuenta de que cualquier problema que hubiese tenido en el pasado no se debía a un déficit personal, sino más bien a un defecto del sistema. Este cambio, que también he visto llevar a cabo a otras personas, es vital para quienes han tenido malas experiencias de aprendizaje. Los alumnos que asisten a nuestra escuela de verano, que tienen un bajo rendimiento antes de recurrir a nosotros, también experimentan lo mismo: creen que tienen problemas con las matemáticas porque hay algo incorrecto en ellos. Pero, cuando se dan cuenta de que sus bajas notas se deben a los problemas del sistema educativo, entablan una nueva relación con las matemáticas. El mismo tipo de comprensión le permitió a Jesse cambiar como persona.

No solo empezó a sentirse mejor con las matemáticas, sino que emprendió un nuevo «viaje» que le llevó a descubrir que eran su pasión. Pasó de sentirse vencido por las matemáticas a verlas como un reto emocionante. Jesse es ahora orientador de matemáticas en veinticinco escuelas, lo que supone un cambio radical para una persona que se sentía paralizada por el estrés cuando pensaba en las matemáticas. El nuevo conocimiento sobre el cerebro le permitió modificar su perspectiva, su mentalidad y lo que creía de sí mismo. Jesse todavía se enfrenta a preguntas a las que no puede responder, pero en vez de tener miedo, piensa: «Bueno, no sé cuál es la respuesta, pero voy a averiguarlo. Esto supone todo un reto». Este cambio de perspectiva es típico en las personas que se desbloquean. Cuando la gente cambia su mentalidad y se da cuenta de los beneficios positivos de las dificultades, adopta un nuevo enfoque mucho más positivo de los desafíos y de la incertidumbre, dejando de lado la necesidad de ser expertos y sustituyéndola por la curiosidad y el deseo de colaborar.

Uno de los obstáculos para lograr un cambio positivo de nuestras creencias en este sentido es dudar de nosotros mismos. El psicólogo sueco Anders Ericsson señala que dudar de uno mismo, especialmente en el caso de que no podamos ver el modo de seguir adelante, es parte natural de nuestra vida. Lo que no es natural es que sea un «verdadero obstáculo, un punto muerto imposible de sortear, superar o atravesar».[20] En todos sus años dedicados a la investigación, Ericsson ha constatado que es sorprendentemente raro encontrar un límite real en el rendimiento; en cambio, percibe que la gente permanece confinada en sus propios límites porque se da por vencida y deja de intentarlo.

Hace poco estaba viendo mi programa de televisión favorito, *Madam Secretary*, una serie de ficción –interpretada por Téa Leoni– sobre las actividades de la secretaria de Estado de Estados Unidos y su equipo de asesores. La serie me parece fascinante en su representación de los acontecimientos mundiales, pero lo que realmente me atrae de ella es la mentalidad positiva de resolución de problemas de la protagonista. El episodio que estaba viendo mostraba una crisis imaginaria en África Occidental que parecía que iba a provocar la extinción de un grupo tribal llamado los beko. La secretaria de Estado y su personal trataban de encontrar formas de detener el inminente genocidio. Tras una dura jornada de esfuerzos infructuosos, Jay, el principal asesor político, se dirige a ella diciéndole:

–Nos hemos quedado sin opciones.

Esta declaración negativa (aunque comprensible) habría impulsado a muchas personas a mostrarse de acuerdo, desplomarse en su silla y rendirse. En vez de eso, la secretaria de Estado miró a su asesor a los ojos y le respondió: «Jay, me niego a aceptarlo».

Su respuesta sirvió de inspiración al equipo, que se puso a buscar una solución creativa a la crisis. Cuando veo las maneras en que las palabras positivas y la mentalidad de *Madam Secretary* inspiran a su personal, a pesar de que se trata de una serie ficticia, me recuerda la importancia de que los líderes modelen una mentalidad de crecimiento para las personas con las que trabajan.

En una de mis entrevistas, escuché un recuerdo conmovedor de un mensaje sobre la confianza en uno mismo, transmitido por un encargado en un cultivo de frutales en Central Valley, en California. El mensaje del encargado posibilitó que un muchacho que trabajaba allí cambiase de vida, y que ese mismo muchacho cambiase, a su vez, muchas otras vidas gracias a su trabajo. Daniel Rocha, que era el chico en el campo de frutales, es ahora asesor curricular en Central Valley. Pero Daniel nunca hubiera conseguido este importante y prestigioso trabajo si no hubiera sido por las palabras que le dirigió un granjero en un campo de frutas durante el verano anterior a su último año de enseñanza secundaria.

Daniel me comentó que su padre era trabajador agrícola y que él pasaba sus vacaciones de verano e invierno trabajando con él en los campos mientras otros estudiantes disfrutaban de sus vacaciones. El verano anterior a su último año, Daniel quería comprarse unas zapatillas Jordan con el dinero que obtuviese trabajando con su padre. El trabajo de ese verano fue mucho más duro de lo que Daniel había esperado o experimentado en el pasado y rápidamente llegó a la conclusión de que las zapatillas no merecían semejante esfuerzo. Sin embargo, la parte más notable de aquel verano difícil y agotador fue el mensaje que cambió su vida:

Estábamos trabajando en el campo cuando me di cuenta de que venía el dueño del huerto, el granjero. Como mi padre era el capataz, el granjero se acercó y empezó a hablar con mi padre:

—Oye, Rocha, ¿quién es ese chico? —le preguntó.

—Es mi hijo —respondió mi padre en su inglés imperfecto.

—Bueno, ¿tu hijo tiene papeles? —preguntó el granjero.

—Sí, por supuesto que sí —respondió mi padre.

Entonces el granjero le murmuró algo a mi padre, pero yo no quería mirarlo ni llamar su atención. Lo siguiente que recuerdo es que yo estaba de pie en la parte superior de una escalera, sosteniendo un saco de fruta de unos 40 kilos y tratando de mantener el equilibrio cuando, de repente, la escalera se puso a temblar. En el momento en que empezaba a perder el equilibrio, miré hacia abajo y vi que el granjero estaba sacudiendo la escalera.

—¿Qué haces aquí? —me gritó con rabia.

—Solo intento trabajar —le respondí nervioso.

—¡Tienes que salir de mis campos! —gritó de manera insistente—. ¡No quiero volver a verte por aquí! Que sea la última vez que te vea en este campo. El año que viene será mejor que estés en la universidad, y más vale que no te vuelva a ver aquí.

Me removió. Me removió hasta la médula. Y aquel día, mientras volvíamos a casa, mi padre se giró hacia mí y me preguntó:

—¿Quieres regresar al campo o ir a la universidad?

—Bueno, quiero ir a la universidad —le respondí.

—Entonces tendrás que ver cómo, porque yo no puedo ayudarte. No sé cómo hacerlo y ya no puedo ayudarte más. Así pues, tendrás que encontrar la manera —me dijo mi padre con el corazón apesadumbrado.

Cuando volví al instituto, conocí a un profesor que ayudaba a los alumnos a completar sus solicitudes de becas.

—Necesito que me ayude —le dije.

Y aquello me condujo hasta donde estoy ahora.

El granjero que sacudió la escalera fue un evento afortunado para Daniel, porque nunca antes nadie le había dicho que debía ir a la universidad. Hace poco, el padre de Daniel fue a visitarlo. Él acababa de llegar del trabajo y todavía llevaba traje y corbata. El padre lo vio y le dijo: «Mírate». Y se emocionó al darse cuenta de lo lejos que había llegado su hijo en la vida. Antes de convertirse en formador y orientador de currículos, Daniel fue un profesor increíble que trataba de comunicar a todos sus alumnos que creía en ellos. Sabía por experiencia personal lo importante que era ese mensaje. Pero no solo les decía que cualquier cosa es posible, sino que les ayudaba a creerlo.

La investigación corrobora lo que algunos nunca hubieran presumido en el pasado, es decir, que cuando albergamos creencias positivas sobre lo que podemos conseguir, nuestro cerebro y nuestro cuerpo funcionan de manera diferente y conducen a resultados más positivos. En el presente capítulo, hemos revisado varias investigaciones e historias personales referentes a cambios magníficos inspirados por unas cuantas palabras. Pero esas palabras cambiaron la perspectiva de las personas: a los trabajadores de hostelería se les dijo que sus trabajos eran saludables y a Daniel que debía asistir a la universidad. Estas palabras modificaron la mentalidad de las personas acerca de su cuerpo y de lo que podían lograr en la vida, lo cual supuso un cambio real en su cuerpo y en su vida. Este tipo de transformaciones son accesibles a todos nosotros. Si pensamos de manera diferente, podremos mejorar nuestra propia vida, así como cambiar las vidas de los demás alentándolos mediante el pensamiento positivo y el conocimiento del crecimiento y el cambio que está en nuestra mano alcanzar.

Hace poco tuve oportunidad de charlar con Carol Dweck, ya que nos pidieron a ambas que hablásemos con un grupo de australianos que se encontraban de visita en Stanford. Ella me dijo que ha cambiado su forma de pensar sobre dos facetas relacionadas con el modo en que funciona la mentalidad. Cuando empezó su carrera, pensaba que la gente tiene un crecimiento o una mentalidad fija, pero ahora se ha dado cuenta de que tenemos distintas mentalidades en diferentes momentos y lugares. Necesitamos reconocer e incluso nombrar los momentos en que tenemos una mentalidad fija.

Ese día, me contó que trabajaba con un gerente de equipo de negocios que había decidido ponerle a su mentalidad fija el nombre de Duane y que dijo lo siguiente:

—Cuando estoy en un apuro, Duane aparece. Me hace ser supercrítico con todos y me vuelvo mandón y exigente en vez de solidario.

—Sí —le respondió una mujer de su equipo—, y cuando aparece tu Duane, mi Ianna empieza a rugir. Ianna responde al macho que me hace sentir incompetente. Así que tu Duane saca a relucir a mi Ianna, y yo me agazapo y me pongo ansiosa, lo cual enfurece a Duane.[21]

Carol insistió en la importancia de no perder el contacto con nuestras diferentes mentalidades, porque cuanta más atención prestemos al pensamiento de la mentalidad fija, mejor preparados estaremos para reconocerlo y advertirle que tiene que parar.

Carol también compartió conmigo sus ideas actualizadas sobre los peligros de la «falsa mentalidad de crecimiento»,[22] la cual implica una interpretación errónea de lo que significa la mentalidad. Ella explica que el pensamiento de la «falsa mentalidad de crecimiento» les dice a los alumnos que simplemente necesitan esforzarse más y los elogia por el esfuerzo, incluso si fracasan. Pero ella sostiene que esto es contraproducente porque los alumnos saben que el elogio es un premio de consolación. En cambio, los profesores y otras personas deberían celebrar el proceso en sí de aprendizaje y, si los alumnos no están progresando, ayudarlos a encontrar nuevas estrategias y enfoques. Es crucial que los elogios estén vinculados al esfuerzo que conduce a algo importante. Un alumno puede fracasar a la hora de resolver un determinado problema, pero el profesor puede alabar el hecho de que haya utilizado el pensamiento correcto para abordarlo o que el esfuerzo haya propiciado un resultado que puede ser aprovechado para seguir adelante.

Los profesores tienen una influencia muy profunda que puede, tal como demuestran muchas de las entrevistas que he compartido, cambiar la trayectoria de los estudiantes. Y lo consiguen cuando les comunican que creen en ellos, que valoran los momentos de dificultad y los errores y que respetan los diferentes tipos de pensamiento y formas de abordar la vida. Por su parte, los padres desempeñan un papel similar en la valoración de la forma de ser de sus hijos y a la hora de desbloquearlos para que se conviertan en las personas que pueden llegar a ser.

Resulta entonces que el cerebro y el cuerpo son increíblemente adaptables. El poder derivado de este conocimiento se intensifica cuando profesores, padres, entrenadores y directores, así como todo tipo de estudiantes, abordan el aprendizaje teniendo eso en cuenta. La sección «Recursos» que hay al final del libro contiene una serie de recursos gratuitos para padres y profesores, desde vídeos para alumnos de diferentes edades que muestran conocimientos científicos importantes, hasta carteles, lecciones, tareas y artículos breves.

Ahora disponemos de amplias evidencias que subrayan el potencial del cerebro y el cuerpo para cambiar y que ponen en tela de juicio los mitos del «talento» y el «genio natural». El hecho de saber que el cerebro y las personas pueden lograr casi cualquier cosa nos hace concebir el potencial humano −y las instituciones educativas− de manera completamente distinta. Pero no cobraremos conciencia del potencial de la nueva información referente a la mentalidad y al crecimiento del cerebro hasta que, basándonos en los nuevos hallazgos de la neurociencia, no cambiemos el enfoque del aprendizaje, un enfoque que compartiré en los próximos capítulos. Porque, cuando combinamos diferentes maneras de pensar en nosotros mismos con los nuevos enfoques del conocimiento, los resultados son espectaculares.

Capítulo 4

EL CEREBRO CONECTADO

ES MUY IMPORTANTE AFRONTAR LA VIDA con una mentalidad de crecimiento, sabiendo que al otro lado de la dificultad se encuentra el éxito y que no existe nada que quede fuera de nuestro alcance. En este momento, hay muchas personas que ya son conscientes de la importancia de la mentalidad de crecimiento. Pero, si bien esta es fundamental para mantener abiertas las opciones de los posibles caminos, hay otra faceta importante, y no tan conocida, para poder vivir una vida sin límites, consistente en interactuar de una forma diferente y más dinámica con las ideas con las que nos encontremos, tanto en lo concerniente a cualquier contenido académico que intentemos asimilar como a otras áreas de nuestra vida.

> CLAVE DE APRENDIZAJE 4
> Las vías neuronales y el aprendizaje se optimizan cuando las ideas se abordan con un enfoque multidimensional.

Aunque, de manera justificada, se presta gran atención en el proceso de aprendizaje a la mentalidad y a la necesidad de creer en nosotros mismos en todo momento, decir a los estudiantes que tengan una mentalidad de crecimiento no es suficiente para superar los mensajes contradictorios de nuestra cultura. La propia Carol Dweck ha escrito que la información sobre el valor del cambio de mentalidad debe ir acompañada de un enfoque diferente de la enseñanza que permita a los alumnos aprender de manera distinta. Una de las cosas que, según ella, no le permite conciliar el sueño es que se les diga a los alumnos que se esfuercen y que el éxito se basa en el trabajo duro, sin que los profesores les brinden las herramientas adecuadas para aprender de manera más eficaz. Como ella dice: «El esfuerzo es clave para el rendimiento de los alumnos, pero no es lo único a tener en cuenta. Tienen que implementar nuevas estrategias y recabar la opinión de los demás cuando están estancados».

Alfie Kohn, gran escritor y líder educativo, ha criticado el movimiento de cambio de mentalidad, afirmando que es injusto pedir a los estudiantes que cambien −decirles que se esfuercen más− sin cambiar también el sistema.[1] Estoy completamente de acuerdo, y a lo largo de los años he aprendido algo importante: para que el alumnado desarrolle una mentalidad de crecimiento, el profesorado también tiene que enseñar con una perspectiva de crecimiento, abriendo los contenidos a múltiples formas de aprendizaje por parte de los estudiantes, de manera que estos perciban el potencial de crecimiento que hay en su interior. Es todo un reto para los alumnos desarrollar una mentalidad de crecimiento cuando las materias se presentan de manera inflexible como una serie de preguntas con una sola respuesta y un solo camino para llegar a ella.

Entonces, ¿cómo deben enseñar los profesores, padres y líderes de manera que amplifiquen y apoyen los mensajes positivos sobre el crecimiento y el aprendizaje? La respuesta es un enfoque multidimensional de la enseñanza y el aprendizaje, un enfoque basado en la neurociencia reciente de Stanford y otros lugares, así como en las múltiples experiencias de quienes enseñan a un rango de edad comprendido entre la escuela infantil y los dieciséis años.

En mi trabajo en Stanford colaboro con neurocientíficos, en particular con un grupo de investigadores dirigidos por Vinod Menon en la Facultad de Medicina. Lang Chen, un neurocientífico en el laboratorio de Menon, trabaja regularmente con youcubed. Los investigadores de Stanford estudian las redes que interactúan en el cerebro, centrándose particularmente en la forma en que este funciona mientras, por ejemplo, resuelve problemas matemáticos. Y lo que han descubierto es que, incluso cuando trabajamos en una simple cuestión aritmética, hay implicadas cinco áreas cerebrales diferentes, y dos de ellas son vías visuales.[2] La vía visual dorsal es la principal región cerebral para representar la cantidad.

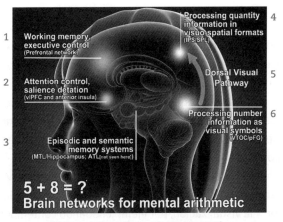

Redes cerebrales implicadas en la aritmética mental

1. Memoria de trabajo, control ejecutivo (red prefrontal). **2.** Control atencional. Detección de la prominencia (corteza prefrontal ventrolateral e ínsula anterior). **3.** Sistemas de memoria semántica y episódica (lóbulo mediotemporal/hipocampo; lóbulo temporal anterior [no visto aquí]). **4.** Procesamiento de la información referente a la cantidad en un formato visual-espacial (lóbulo parietal superior/surco intraparietal). **5.** Vía dorsal visual. **6.** Procesamiento de la información numérica en forma de símbolos visuales (corteza occipital ventrotemporal/lóbulo parietal inferior)

Tanto ellos como otros neurocientíficos también han constatado que la comunicación entre diferentes regiones cerebrales mejora el aprendizaje y el rendimiento. En el año 2013, los investigadores Joonkoo Park y Elizabeth Brannon llevaron a cabo un estudio en el que descubrieron que diferentes áreas cerebrales se hallaban más afectadas cuando la gente trabajaba con símbolos numéricos que cuando trabajaban con información visual y espacial, como, por ejemplo, una serie de puntos.[3] Estos investigadores también constataron que el aprendizaje y el rendimiento de las matemáticas se optimizaban cuando estas dos áreas cerebrales se comunicaban entre sí. Podemos aprender nociones matemáticas mediante números, pero también aprenderlas a través de palabras, imágenes, modelos, algoritmos, tablas y gráficos, así como mediante el movimiento y el tacto y otro tipo de representaciones. Pero, cuando aprendemos utilizando dos o más de estos medios y se comunican entre sí las diferentes regiones cerebrales responsables de cada uno de ellos, se maximiza la experiencia de aprendizaje. Este dato, desconocido hasta hace poco, rara vez se ha utilizado en la educación.

Los investigadores que observan la interacción de diferentes áreas cerebrales se han dedicado a estudiar lo que sucede cuando la gente trabaja con las matemáticas, pero los resultados son extrapolables a cualquier otro contenido. El aprendizaje de nuevos conocimientos requiere diferentes vías cerebrales, vías que se centran en la atención, la memoria, el razonamiento, la comunicación y la visualización, por ejemplo. Cuando contemplamos el conocimiento desde una óptica multidimensional y estimulamos simultáneamente todas esas vías, se fortalece nuestro cerebro y se maximiza el aprendizaje.

HALLAZGOS SORPRENDENTES SOBRE LOS DEDOS

Los nuevos detalles emergentes sobre la forma en que nuestro cerebro procesa las matemáticas son, en ocasiones, sorprendentes, como, por ejemplo, la investigación que evidencia la importancia de los dedos para la comprensión matemática. Los investigadores Ilaria Berteletti y James R. Booth analizaron una región específica del cerebro dedicada a este tipo de percepción y representación, conocida como el área somatosensorial de los dedos. Y descubrieron que, cuando se planteaban problemas complejos de sustracción a los niños de ocho a trece años, se activaba el área somatosensorial de los dedos, a pesar de que los alumnos no los utilizaban.[4] Sorprendentemente, aunque no usemos los dedos para calcular, «vemos» en nuestro cerebro una representación de ellos. Esta área de representación dactilar, según el estudio, también se veía activada en buena medida con problemas más complejos que implicaban cifras más altas y más procesamiento.

La investigación que evidencia la relación existente entre los dedos y el pensamiento matemático ha llevado a los neurocientíficos a subrayar la importancia de la «percepción de los dedos», es decir, el reconocimiento individual de cada dedo. Una prueba para la percepción de los dedos es hacer que alguien esconda una de las manos bajo un libro o una mesa y pedirle a otra persona que le toque las puntas de los dedos. Las personas con una buena percepción de los dedos pueden identificar con facilidad los dedos que están siendo tocados. Una prueba más desafiante de percepción dactilar consiste en tocar los dedos en dos lugares distintos; por ejemplo, la yema y la zona media. He aquí algunos datos interesantes sobre este tipo de percepción:

- El grado de percepción de los dedos por parte de los estudiantes universitarios predice sus resultados en las pruebas de cálculo.[5]
- Durante el primer curso, la percepción de los dedos predice mejor que los exámenes el rendimiento en matemáticas en el segundo curso.[6]
- Se cree ahora que el alto rendimiento matemático de los músicos, una relación que se ha observado durante muchos años, se debe a las oportunidades de que disfrutan para desarrollar una buena percepción de los dedos.[7]

Los neurocientíficos saben que es importante que los niños pequeños desarrollen el área cerebral de los dedos, algo que ocurre cuando los utilizan para representar números. Sin embargo, a pesar del conocimiento de la importancia de los dedos, muchas escuelas y maestros desalientan su uso, mientras que los alumnos, por su parte, suelen considerarlo infantil. He tratado de contrarrestar esta situación comunicando ampliamente en noticias, medios de comunicación y artículos de revistas los nuevos descubrimientos de la neurociencia. Además, estoy trabajando actualmente con un grupo interdisciplinario de neurocientíficos, ingenieros y educadores para fabricar pequeños dispositivos robóticos con el fin de estimular la percepción de los dedos en los niños pequeños. Los nuevos descubrimientos sobre el funcionamiento cerebral nos revelan la necesidad de adoptar un abordaje diferente de la enseñanza, que sea más físico, multidimensional y creativo que los enfoques utilizados en el pasado por la mayoría de instituciones educativas.

¿QUÉ OCURRE CON LOS INNOVADORES?

En su intento de entender mejor la forma en que las personas rinden al máximo, los científicos ponen de relieve interesantes datos adicionales sobre la comunicación cerebral. Algunas personas que han cosechado grandes logros y efectuado importantes contribuciones a los campos de la música y la ciencia −como Mozart, Curie y Einstein− suelen ser consideradas de manera invariable como «genios». Pero Anders Ericsson, Daniel Coyle y otros que estudian la pericia han demostrado que los logros sobresalientes y el alto rendimiento de estas personas provenían de la dedicación extrema y el trabajo duro a lo largo de muchos años.

Ericsson pone entre paréntesis la idea de que Mozart nació con un talento especial y recuerda que fueron las actividades en las que participó las que lo llevaron a sus grandes proezas musicales, incluso a una edad muy temprana. También señala que se sabe que Mozart tenía lo que a menudo se conoce como «oído absoluto», lo cual parece ser un buen ejemplo de un don genético, ya que solo una de cada diez mil personas en «circunstancias normales» tiene un oído perfecto. Sin embargo, una cuidadosa consideración de la educación recibida por Mozart muestra que, desde los tres años de edad, se dedicó al tipo de actividades que permiten desarrollar un oído absoluto.[8]

La psicóloga japonesa Ayako Sakakibara informa de un estudio en el que se enseñó a 24 alumnos a desarrollar el «oído absoluto». Los niños utilizaron banderas de colores para identificar los acordes y siguieron trabajando en ello hasta que pudieron identificar perfectamente todos los acordes. Cada uno de los estudiantes participantes en este estudio desarrolló un oído absoluto.[9] Este es un ejemplo de una cualidad que la gente considera un «don», aunque, de hecho, se deriva de un tipo particular de aprendizaje que hace que los estudiantes utilicen múltiples vías, en este caso conectando nociones visuales y sonidos.

Albert Einstein, probablemente la persona que más consideración de «genio» ha recibido, asumía los errores y abordaba el aprendizaje de una manera particularmente productiva. Algunas de mis citas favoritas de Einstein son las siguientes:

> La persona que nunca comete un error, nunca intenta algo nuevo.

> No es que sea inteligente; tan solo le dedico más tiempo a los problemas.

> No poseo ningún talento especial. Solo soy apasionadamente curioso.

> En medio de la dificultad, radica la oportunidad.

Estas y otras citas de Einstein indican claramente que tenía una mentalidad de crecimiento, a pesar de que, en el momento en que vivió, la mentalidad no era un concepto que se tuviese en cuenta. Einstein se refiere a aceptar la dificultad, permanecer durante mucho tiempo con los problemas difíciles, mostrar curiosidad y equivocarse y rechazar las ideas fijas sobre el talento y la capacidad.

Einstein también trabajaba visualmente con las ideas y solía decir que su pensamiento era visual, esforzándose por transformar sus ideas visuales en palabras y símbolos.[10] Einstein ha tenido un impacto decisivo en la ciencia y no es de extrañar que la gente lo considere un «genio». A pesar de que no disponía de las herramientas y tecnologías que tenemos hoy en día, fue capaz de predecir, tan solo con su propio razonamiento, que los agujeros negros que orbitan entre sí crean ondas en el tejido espaciotemporal. Se necesitaron cien años y lo que *National Geographic* describe como un «ingente despliegue de trabajo informático» para demostrar que tenía razón. Pero, pese a sus magníficos logros, Einstein se apresuró a señalar que no provenían de un don o talento especial, sino de la dedicación y el trabajo duro y lo que parece ser un enfoque visual del conocimiento. Al parecer, Einstein adoptó un enfoque carente de límites del aprendizaje y la vida, lo que tuvo un impacto positivo en todo lo que estudiaba.

Según un reciente artículo del *National Geographic* titulado «¿Qué hace a un genio?», el cerebro de Einstein, que se encuentra distribuido en cuarenta y seis portaobjetos de microscopio en un museo de Filadelfia, ha sido examinado en busca de cualidades especiales.[11] Muchas personas han estudiado el cerebro de Einstein sin advertir en él nada digno de mención. Por su parte, un equipo del Imagination Institute, dirigido por Scott Barry Kaufman, ha adoptado un enfoque diferente al examinar el cerebro de personas vivas que han alcanzado proezas increíbles, descubriendo algo interesante. Lo que diferencia el cerebro de las personas «pioneras en su campo» es que tienen conexiones más eficaces entre distintas regiones cerebrales, mayor comunicación interhemisférica y un pensamiento más flexible.[12] La comunicación cerebral, característica de los cerebros de los «innovadores», no es algo con lo que nazcan, sino que la desarrollan gracias al aprendizaje.

MODOS DE FOMENTAR LA COMUNICACIÓN Y EL DESARROLLO CEREBRAL

Cuando, en la escuela, se entregan a los alumnos hojas de trabajo con una serie de preguntas prácticamente idénticas, lo cual sucede muy a menudo en las clases de matemáticas, desaprovechan la oportunidad de fortalecer su cerebro y de fomentar la comunicación mostrada por los innovadores. Una práctica mucho mejor sería seleccionar un pequeño número de preguntas (tres o cuatro) y plantearlas de distintas maneras. En matemáticas, por ejemplo, se puede abordar cualquier contenido numérico con preguntas como las siguientes:

- ¿Puedes resolver el problema con números?
- ¿Puedes resolver el problema con elementos visuales conectados con los números mediante colores?
- ¿Puedes escribir una historia que capte la pregunta?
- ¿Es posible representar las ideas de otro modo: un boceto, un dibujo, un objeto físico o un tipo de movimiento?

Una de las maneras en que fomentamos este enfoque multidimensional es a través de lo que Cathy Williams, mi colega y socia de youcubed, denomina «hoja de rombo». Este es un trozo de papel normal doblado de la siguiente manera.

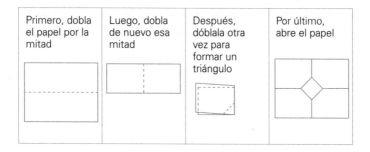

Primero, dobla el papel por la mitad	Luego, dobla de nuevo esa mitad	Después, dóblala otra vez para formar un triángulo	Por último, abre el papel

Animamos a los profesores a ubicar un problema de matemáticas en el centro del rombo y utilizar los cuatro cuadrantes para estimular diferentes formas de pensamiento como las reseñadas en la lista anterior. Así pues, a partir de una hoja de trabajo con divisiones (arriba), la hoja de rombo para el problema 50 ÷ 8 (abajo) podría asumir la siguiente forma:

Desde esto:

División 6-12   Nombre:

9)81̄	11)121̄	7)21̄	10)10̄	10)10̄
10)50̄	7)49̄	10)50̄	9)27̄	8)64̄
10)90̄	9)63̄	8)96̄	7)77̄	10)90̄
12)36̄	11)11̄	11)11̄	12)132̄	6)30̄
6)54̄	11)55̄	12)84̄	11)55̄	9)45̄

A esto:

* Si tenemos 50 lápices para 8 niños, ¿cuántos lápices le corresponden a cada uno?
** 6 y quedan 2
*** 6 y sobran 2

Abordar el contenido de forma multidimensional es importante en todas las disciplinas. En la clase de literatura, por ejemplo, los alumnos pueden estudiar una obra de teatro como *Romeo y Julieta*, leyéndola y analizando distintos temas, o bien pueden seleccionar un tema –por ejemplo, la familia– y explorarlo de diferentes maneras, buscando un vídeo musical relacionado con el tema, creando su propio vídeo, escribiendo una historia ilustrada con fotografías, elaborando una presentación en PowerPoint o haciendo una escultura.* Este tipo de pensamiento multimodal es una oportunidad para la intercomunicación y el desarrollo del cerebro. Los neurocientíficos concluyen que los cerebros fluidos y flexibles provienen de la sincronía que se produce en el momento en que varias regiones cerebrales trabajan de forma conjunta.[13] Cuando nos aproximamos al conocimiento a través de múltiples vías, plasmando y representando las ideas de diferentes formas, tiene lugar la comunicación entre distintas áreas cerebrales.

Se puede utilizar este enfoque multidimensional en la enseñanza de todas las asignaturas para lograr un mayor compromiso y un mejor rendimiento. Muchas asignaturas, particularmente en la rama de humanidades, ya valoran el abordaje de los temas de múltiples maneras, pidiendo a los alumnos que ofrezcan sus propias interpretaciones de los textos que leen y empleando herramientas como discusiones en grupo, debates y representaciones teatrales. Y, si bien en la mayoría de los casos, podrían ser más multidimensionales, rara vez se enseñan de manera tan estrecha como otras asignaturas. Las matemáticas, las ciencias y la enseñanza de idiomas son, según mi propia experiencia, las materias

---

* Mi agradecimiento a Antero García por sus ideas para un abordaje multidimensional del inglés.

que parecen más necesitadas de este cambio. El abordaje de los contenidos desde múltiples ángulos sería un enfoque de aprendizaje ideal para todas estas disciplinas.

Por ejemplo, un innovador profesor de idiomas con el que me entrevisté pide a los alumnos que formen un círculo y les dice que cada uno de ellos es una persona famosa que habla el idioma que estudian. Cuando se les toca el hombro, los alumnos comparten algo que podría sentir esa persona. Esta es una idea simple, pero creativa, de enseñanza, que va más allá de la lectura de palabras y frases traducidas, en donde los alumnos aprenden hablando e interpretando las ideas de los demás.

Nunca entenderé la enseñanza limitada de la ciencia como una mera enumeración de datos y leyes. Esa es la manera perfecta de alejar a los estudiantes de un tema que, en el fondo, trata sobre el descubrimiento, la experimentación y la posibilidad de encontrar múltiples causas y resultados. Necesitamos que los estudiantes se impliquen en la maravilla de la ciencia, de la misma manera que hace falta que se impliquen en la maravilla de las matemáticas. Esto es mucho más importante que memorizar las leyes de la termodinámica (que pueden ser consultadas en un libro o en internet).

Uno de mis enfoques favoritos de la ciencia procede de John Muir Laws, educador y entusiasta de la naturaleza. Me encanta su libro *The Laws Guide to Nature Drawing and Journaling*. Aunque pueda parecer un libro sobre la naturaleza, Laws nos guía en él a través de muchos principios científicos y, lo que es más importante, utiliza múltiples líneas de investigación para los temas que aborda. En sus ideas para estudiar la naturaleza intervienen muchas disciplinas científicas. Su propuesta es que el lector estudie los eventos recopilando datos, identificando patrones, excepciones y cambios temporales, registrando eventos y confeccionando mapas, gráficos y diagramas. Asimismo, muestra múltiples maneras de indagar en los datos, incluyendo escribir, confeccionar diagramas, grabar sonidos, elaborar listas, contabilizar y medir, usar herramientas de datos y construir un «*kit* de curiosidad», el cual está formado por objetos como lupa, brújula y prismáticos.

Lo que Laws describe es un enfoque multidimensional de la ciencia, en el que los estudiantes se relacionan con las ideas científicas mediante múltiples representaciones que incluyen datos, patrones, mapas, palabras y diagramas. A medida que los estudiantes vayan interesándose por estas distintas representaciones, se irán construyendo vías neuronales que permitirán que las diferentes regiones cerebrales se comuniquen entre sí, creando el tipo de comunicación que se ha observado en los cerebros de las «personas innovadoras».

En mi trabajo con profesores, suelo recibir una respuesta muy cálida a mi llamamiento para hacer que la enseñanza sea más multidimensional. A esto le sigue de inmediato la inevitable pregunta: ¿cómo enseñar de esta manera cuando tenemos que seguir los libros de texto? La mayoría de los profesores trabajan con libros de texto preestablecidos, cuyos autores no son conscientes del valor del aprendizaje multidimensional.

Cuando los profesores me formulan esa pregunta, les sugiero que reduzcan una página de cuestiones repetitivas a tres o cuatro de las mejores preguntas y luego inviten a los alumnos a interactuar con ellas de manera diferente, tal como señalo más arriba. Cualquier profesor puede hacer eso, puesto que no se requieren nuevos recursos. En cualquier asignatura y nivel escolar, puede invitarse a los alumnos a participar de múltiples maneras en los contenidos. Una vez que los profesores trabajan de este modo, suelen sentirse más inspirados y comienzan a pensar de manera más creativa acerca de su asignatura y la forma en que la imparten. Esto, a su vez, les genera más alegría y satisfacción, especialmente a medida que experimentan una mayor participación por parte de los alumnos.

Mis dos hijas asistían a una escuela pública de primaria en Palo Alto. Los profesores no les asignaban demasiadas tareas para casa, lo cual me gustaba, ya que sé que los deberes tienen beneficios limitados, si es que tienen alguno, siendo a menudo perjudiciales para el bienestar de los alumnos.[14] Los deberes de matemáticas solían ser rompecabezas o KenKen (rompecabezas japoneses de matemáticas), pero de vez en cuando traían a casa una hoja de trabajo con preguntas que eran prácticamente idénticas. Y no eran pocas las veces, cuando debían completar hojas de trabajo con preguntas, en las que había lágrimas y frustración. No deja de desconcertarme que los profesores piensen que los alumnos deben trabajar en contenidos repetitivos y aburridos por las tardes, precisamente cuando están más cansados. No trabajo cuando estoy agotada, pero mis hijas se ven obligadas a hacerlo en el caso de que les asignen deberes.

Siempre trato de apoyar a los profesores de mis hijas, porque sé que enseñar es uno de los trabajos más exigentes y que los profesores casi siempre son personas maravillosas y cariñosas. Una noche, sin embargo, decidí que tenía que intervenir. Mi hija menor, que tendría unos nueve años en esa época, había llegado a casa con una hoja de trabajo con cuarenta preguntas. Se sentó delante de la hoja con aspecto decaído. De inmediato me preocupó que este tipo de tarea pusiese a mi hija en contra de las matemáticas, así que le pedí que solo trabajara en las primeras cinco preguntas. Luego escribí en la hoja una nota para la profesora, que decía lo siguiente:

Le he pedido a mi hija que solo trabaje en las primeras cinco preguntas y he comprobado que las entiende. Le he pedido que no complete
esta hoja de trabajo, porque no quiero que piense que las matemáticas son esto.

Otros profesores se ríen cuando les digo el mensaje que le envié
la profesora de mi hija, probablemente sintiéndose aliviados de
no ser ellos sus profesores. La noticia positiva es que este evento concreto tuvo un resultado altamente satisfactorio. La profesora de cuarto de primaria y yo mantuvimos una charla sobre
la ciencia del cerebro y la posibilidad de adoptar múltiples enfoques. Ahora, en lugar de hojas de trabajo, formula cuatro preguntas y pide a los alumnos que las resuelvan de diferentes maneras:
les pide una solución numérica, una historia sobre el problema y
una solución visual. Para mi hija, esto supuso una evidente mejora con respecto a las aburridas y repetitivas hojas de trabajo del
pasado. Ya no había lágrimas a la hora de los deberes, y se sentía feliz de escribir su propia historia y de elaborar su propio dibujo. Mientras lo hacía, eran varias las áreas cerebrales que se
veían afectadas y se comunicaban entre sí, brindándole la oportunidad de comprender profundamente.

Trabajar de múltiples maneras fomenta la comunicación cerebral, al tiempo que infunde vida a los contenidos. La inmensa
mayoría de los estudiantes considera que las matemáticas son un
conjunto de números y fórmulas, y el inglés una serie de libros
y palabras. Pero el hecho de abordar las matemáticas, el inglés,
las ciencias u otras materias como oportunidades para la creatividad y para ver las cosas de múltiples modos, lo cambia todo, y
estimula el crecimiento vital del cerebro y de las conexiones neuronales. Además, a medida que los profesores diversifican el plan
de estudios, pasando de una mera lista de respuestas numéri-

cas, páginas de texto o ecuaciones científicas a imágenes, modelos, palabras, vídeos, música, datos y dibujos, el aula deja de ser
un lugar en el que todas las tareas tienen el mismo aspecto para
convertirse en un lugar donde se estimula la diversidad y se celebra la creatividad.

Me gusta ilustrar las muchas maneras en que podemos enfocar el contenido mostrando a la gente una imagen de siete puntos. Les digo que solo voy a enseñarles la imagen durante un
breve lapso y que quiero que me digan cuántos puntos hay. Les
pido que no los cuenten uno por uno, sino que calculen la cantidad agrupándolos; finalmente, les pregunto cómo los han agru-
pado. Estos son los siete puntos

Hace poco, planteé esta pregunta a una clase de chicas de secundaria iy encontraron 24 maneras diferentes de agruparlos! Querían
seguir, pero era la hora de comer y tuve que concluir la sesión.
Estas fueron sus veinticuatro maneras de agrupar los puntos.

Pido a los estudiantes que busquen grupos de puntos, en parte para ilustrar la creatividad en matemáticas y mostrarles que
existen muchas maneras de ver esta materia, incluso de ver sie-

te puntos. También llevo a cabo este ejercicio con los alumnos porque desarrolla una parte importante del cerebro llamada sistema de números aproximados (SNA). Esta región cerebral permite a la persona estimar de manera no verbal el número de un grupo de elementos. Se ha comprobado que el nivel de competencia de los estudiantes en el SNA predice con precisión sus futuros logros en matemáticas.[15]

Este enfoque creativo y multidimensional —la invitación a ver las cosas de diferentes maneras— puede llevarse a cabo con cualquier área de contenido. Podríamos mostrar a los alumnos una escena de *Matar un ruiseñor*, el diagrama de una célula en biología o un evento extraído de las noticias o de la historia y preguntar: ¿Qué es lo que ves? ¿Qué sentido le encuentras? Eso promueve el pensamiento visual y que los alumnos aporten múltiples ideas, algo que debe ser celebrado y alentado en todo momento.

CUANDO LOS PROFESORES APRENDEN A UTILIZAR UN ENFOQUE MULTIDIMENSIONAL

Central Valley es un área menos conocida de California que los distritos urbanos del norte (como San Francisco) y el sur (Los Ángeles). Cuando conduje por primera vez desde Stanford hasta Tulare, a más de 300 kilómetros de Stanford y a unos 160 kilómetros tierra adentro desde la costa, supe que estaba en Central Valley en el momento en que el panorama cambió desde una carretera flanqueada por casas y tiendas a interminables kilómetros de campos de maíz.

Central Valley es una región agrícola y un área de grandes carencias y bajas notas. Los líderes educativos del condado de Tulare sienten que la región se ha visto descuidada desde el punto de vista de las oportunidades de desarrollo profesional y de financiación que reciben los profesores. Hace poco más de un año, Shelah Feldstein, una de las formadoras de matemáticas del condado, vino a visitarme a Stanford para hablar conmigo acerca de su intención de inscribir en mi curso *online* «Cómo aprender matemáticas» a todos los profesores de quinto de primaria de varios distritos. También tenía planes maravillosos para encontrar financiación y conseguir que los profesores asistiesen al curso en grupos y se reuniesen a procesar las ideas.

A lo largo del año siguiente, sucedieron muchas cosas asombrosas que han sido detalladas en varios artículos de investigación,[16] pero una de las que más me gustó fue que los profesores cambiaron su propia relación con las matemáticas. El quinto curso de primaria había sido identificado como el curso con las calificaciones más bajas; menos del 8% de los alumnos alcanzaban los niveles requeridos de «competencia».

En las entrevistas efectuadas al final del año, los profesores admitieron que solían temer la hora de enseñar matemáticas en clase y que trataban de superarla lo más rápido posible. Pero, una vez que descubrieron la importancia de la mentalidad creativa, el crecimiento cerebral y el enfoque multidimensional de los problemas, disfrutaban tanto que se quedaban hasta las siete de la tarde, discutiendo juntos cómo abordar visualmente los problemas.

En una entrevista al final del curso, Jim, profesor de quinto de primaria, comentó haber utilizado una de nuestras actividades de plegado de papel y su sorpresa y satisfacción cuando dicha actividad hizo que los estudiantes comprendiesen más profundamente los exponentes:

Empezaron doblando el papel formando triángulos a partir de un cuadrado. Y descubrieron por sí solos que había una relación exponencial, de manera que, cuando lo doblaban una vez, obtenían dos piezas y, cuando lo doblaban dos veces, obtenían cuatro. Y, con cada nuevo pliegue, empezaron a identificar exponentes de 2, estableciendo esa relación por su cuenta, porque habíamos estado haciendo potencias de base 10. De ese modo, compruebo que, durante las lecciones, se producen ese tipo de conexiones, y eso es algo muy importante para mí.

El increíble cambio que experimentaron los profesores de quinto curso, al comenzar a ver los problemas matemáticos como oportunidades para aplicar múltiples métodos creativos, fue posible porque también conocieron la ciencia del cerebro que he presentado en capítulos anteriores. Antes de participar en la clase *online*, muchos de ellos tenían una mentalidad fija y no se sentían capaces de traer a colación ideas diferentes. Pero, cuando se liberaron de este tipo de pensamiento inexacto y perjudicial, fueron capaces de enfocar las matemáticas y otras materias de manera distinta. Una de las profesoras comentó que le había sorprendido que el curso *online* la hubiese cambiado como persona:

> Aunque creía que iba a ser muy positivo para los niños, nunca esperé que me cambiase a mí también. Esa ha sido mi mayor revelación en esta cuestión.

Pero no solo cambiaron las vidas de los profesores, sino que, cuando transmitieron las nuevas ideas a los alumnos, también cambiaron las vidas de estos. Estos cambios se reflejaron de muchas maneras, como el cambio de creencias de los alumnos acerca de su potencial y aprendizaje. Los alumnos comenzaron a percibir el estudio de las matemáticas como un tipo diferente de actividad. Uno de los profesores informó de lo siguiente:

Los niños se sentían entusiasmados y decían: «Caramba, ¿lo está haciendo así? ¿Está bien que experimentemos dificultades? ¿Es correcto pensar de otra manera?»

Cuando los alumnos preguntaban: «¿Es correcto pensar de otra manera?» o «¿Está bien que experimentemos dificultades?», evidenciaban las ideas perjudiciales que albergaban y que frenaban su proceso de aprendizaje. La creencia de que no es correcto tener dificultades o pensar de manera diferente es trágica y, sin embargo, millones de estudiantes lo ven así, sobre todo en relación con las matemáticas. Cuando los alumnos cambiaron sus ideas sobre el valor de la dificultad y aprendieron a ver las matemáticas de manera distinta, el incremento de la confianza en sí mismos fue evidente para los profesores, tal como Miguel reflejó en una entrevista:

Solo quiero que sepa que este [curso *online*] ha significado mucho para mí. El hecho de ver que ahora los niños son más positivos en cuanto a su aprendizaje ha supuesto una diferencia enorme. La confianza que tienen es distinta a todo lo que había visto antes.

Los alumnos que cambiaron su mentalidad y su enfoque del aprendizaje, aceptando la dificultad y estando dispuestos a considerar de otro modo las matemáticas, cosecharon importantes beneficios. A pesar de la estrechez de miras de los exámenes estatales de matemáticas, al concluir el curso escolar los alumnos de los profesores que asistieron al curso obtuvieron resultados significativamente más altos en las evaluaciones de esa asignatura que los alumnos de otras clases. Pero los alumnos que más se beneficiaron de estos cambios en la enseñanza y aumentaron de manera importante su rendimiento en los exámenes fueron las niñas, los

142 MENTE SIN LÍMITES

estudiantes de idiomas y los alumnos procedentes de hogares con dificultades socioeconómicas,[17] es decir, los alumnos que suelen tener un menor rendimiento en matemáticas y otras asignaturas.

Jean Maddox fue una de las profesoras que se sintió conmovida por los nuevos conocimientos adquiridos en el curso *online*. Pasó ese curso asegurando a sus alumnos de que siempre es posible crecer y aprender cualquier cosa, y que deben rechazar las ideas que sugieran que su potencial es algo fijo. Para Jean empezar a utilizar métodos visuales fue muy importante, puesto que modificó su propio enfoque de las matemáticas, así como la forma en que las enseñaba:

> Cuando emprendí este viaje, siempre dependía del algoritmo porque esa era mi red de seguridad. Hoy día, pienso: «Bien, ¿cómo puedo dibujarlo y enfocarlo visualmente?». Ahora entiendo por qué funciona el algoritmo, puesto que tengo la imagen totalmente clara en mi cabeza, lo cual es muy positivo a la hora de abordar temas como las fracciones. Y también es como si los alumnos dijesen: «Vaya, funciona por ese motivo». Al enfocarlo visualmente, siempre hay alguno que se muestra sorprendido. Así pues, para esos muchachos, las matemáticas siempre han sido una asignatura en la que tenían que memorizar datos y ese tipo de cosas, pero ahora es como si dijesen «¡Caramba!».

Los cambios experimentados por los profesores ilustran la naturaleza dual del proceso de trascender los propios límites: se trata de cambiar la mentalidad y las ideas acerca de uno mismo, pero también de abordar el contenido de las asignaturas y la vida de una manera multidimensional.

Una sugerencia que hice a los profesores de quinto curso fue que renunciaran a las preguntas con respuestas automáticas y, en su lugar, plantearan preguntas en las que se invitara a los alumnos a encontrar la manera de dar con la respuesta. Uno de los profesores comentó lo siguiente:

> El otro día escribí en la pizarra: «La respuesta es 17. ¿De cuántas maneras podemos llegar a esta solución?». Pensé que se limitarían a decir 1 más 16, pero ordenaron los operadores de maneras muy creativas, lo que me impresionó bastante.

Una profesora mencionó en Twitter que ella también había utilizado la misma idea para enseñar geometría en sus clases de educación secundaria. Escribió un problema en la pizarra y pidió a los alumnos que utilizaran, para encontrar la solución, los enfoques geométricos que habían aprendido. La profesora escribió que se quedó asombrada por los diferentes abordajes creativos a los que llegaron los alumnos, los cuales fueron muy valiosos tanto para las conversaciones que siguieron como para establecer nuevas conexiones cerebrales.

Otra profesora de quinto señaló que ahora simplemente mostraba imágenes relacionadas con los conceptos matemáticos y preguntaba: «De acuerdo, ¿qué veis y qué no? ¿Qué es posible? ¿Qué viene ahora?».

Este tipo de ideas no son complejas, pero son, en esencia, múltiples caminos de aprendizaje que fomentan que el pensamiento de los alumnos se mueva en direcciones muy distintas a las acostumbradas. Los profesores que llevan a cabo estos cambios en sus métodos experimentan con el contenido y la libertad que conlleva este enfoque. En lugar de seguir los libros de texto, prueban nuevas ideas e invitan a los alumnos a experimentar con ellas. Ahora sabemos que enseñar con un enfoque multidimensional también incrementa la conectividad cerebral, lo que ayudará a los alumnos a convertirse en adultos poderosos y posiblemente «innovadores».

Otros profesores han tenido experiencias similares a las de los de quinto de primaria en Central Valley. Holly Compton todavía recuerda haber sentido miedo durante una de sus primeras experiencias con las matemáticas cuando le dijeron, en el primer curso, que trabajase en una página del libro de texto con problemas aritméticos de varios dígitos. Y entonces decidió, al igual que su madre, que «su cerebro no estaba hecho para las matemáticas». Lo que vino después fueron años de frustración y recuperación. La relación negativa de Holly con las matemáticas comenzó con una herramienta unidimensional −una hoja de trabajo− que la llevó a decidir que no era apta para esa asignatura.

Por desgracia, más que cualquier otra materia, las matemáticas tienen el potencial de aplastar la confianza de los estudiantes. Esto se debe en parte a las creencias inadecuadas sobre la manera en que deben enseñarse y ser aprendidas, lo que aboca a experiencias durante el primer curso de primaria como la de Holly. También se debe a que la sociedad proclama que quienes pueden dedicarse a las matemáticas son «muy inteligentes», mientras que los que tienen dificultades con ellas «no lo son». Esto resulta devastador para muchas personas, y Holly fue una de ellas. Por desgracia, no creo que la desolación experimentada por Holly sea algo infrecuente. Ella describió la manera en que sus experiencias negativas con las matemáticas afectaron a toda su vida:

> Fue, de hecho, algo general. Toda mi vida se vio afectada por esta falta de fe en mí misma.

Afortunadamente, Holly adquirió nuevas ideas sobre sí misma y sobre su capacidad de aprendizaje, que la llevaron a desbloquearse. Una parte de este proceso de «innovación» pasó por comprender que los problemas matemáticos pueden ser resueltos de diferentes maneras, mostrando el papel sumamente importante que desempeña la multidimensionalidad a la hora de vencer los propios límites. Como Holly mencionó en una entrevista:

> Ahora percibo las matemáticas como la asignatura más creativa de todas, porque se pueden desarmar las cosas y volver a armarlas, iy es posible tener una conversación de una hora de duración a propósito de 13 más 12!

Holly volvió a enseñar matemáticas y se sintió alentada por el trabajo de sus alumnos. A medida que empezaron a abordar las matemáticas desde diferentes perspectivas, se dio cuenta de que la materia era diferente a lo que había pensado. Comenzó a experimentar y a ser más lúdica con la asignatura, y su escuela cosechó mejores resultados en matemáticas. Después de algunos años de enseñanza excepcional, Holly fue invitada a convertirse en la orientadora de matemáticas de su distrito escolar, todo un logro para una persona a la que le solían aterrorizar las matemáticas. Ahora Holly afirma que siempre transmite a sus alumnos una mentalidad de crecimiento, proporcionándoles tareas multidimensionales complejas y diciéndoles que espera que todos puedan afrontarlas.

Además de modificar su manera de enseñar, el proceso de desbloqueo de Holly ha cambiado el modo en que interactúa con la gente, evidenciando que un enfoque ilimitado de la vida comporta beneficios adicionales. Ella solía asistir a las reuniones preocupada por no saber algo que debía saber y sintiendo que siempre tenía que ser una experta. Pero, tras desbloquearse, se volvió menos temerosa de participar en las reuniones y más dispuesta a asumir riesgos:

> No tengo miedo de reconocerlo y de decir a otro profesor: «Oye, estoy atascada en esto. ¿Puedes ayudarme a solucionarlo?».

Esta nueva apertura a los desafíos y a la incertidumbre parece ser una reacción común al desbloqueo: las personas se dan cuenta de que experimentar dificultades es algo positivo y que no es un signo de debilidad cerebral, sino de crecimiento. Esto se traduce en una mayor confianza en los momentos de dificultad y en la voluntad de compartir ideas de las que no están demasiado seguros. Una de las características más tristes y fundamentales del pensamiento del cerebro fijo es el miedo a equivocarse. La mente de la persona se halla literalmente cerrada e inmovilizada por el miedo, razón por la cual resulta tan liberador un enfoque de la vida que valore la multidimensionalidad, el crecimiento y el esfuerzo. Dicho en palabras de Holly: «Tengo muchas más ideas porque me permito tenerlas».

Otro beneficio fundamental derivado de trabajar y vivir con un enfoque multidimensional es que, cuando aparecen obstáculos en el camino, sabemos que existen rutas alternativas. Muchos de los adultos que he entrevistado para este libro me han dicho que ya no se detienen cuando encuentran desafíos o bloqueos; simplemente buscan otra estrategia, un nuevo enfoque. El abordaje multidimensional del conocimiento revela que existen múltiples modos de seguir avanzando y no una sola manera de hacer las cosas.

El hecho de que Holly se sienta ahora más libre para «tener ideas» es muy importante. Este es el tipo de cambio personal profundo que tiene lugar cuando comprendemos las claves del aprendizaje. Con independencia de que seamos estudiantes o trabajemos en el campo de la educación o en cualquier otra área, entender los límites del pensamiento tradicional acerca del cerebro fijo y sentirnos empoderados por nuestra propia capacidad de aprender y crecer es un cambio que afecta a nuestra vida de múltiples maneras. Este cambio de mentalidad fomenta una mayor resiliencia y satisfacción en el trabajo y en las relaciones sociales, así como más confianza en nosotros mismos.

Holly también compartió que, en la actualidad, sus relaciones han mejorado, ha dejado de dudar de sí misma y ya no se siente deprimida. Curiosamente, todo esto sucedió a partir de que percibió de manera diferente las matemáticas y su relación con ellas.

Una faceta fundamental para llegar a superar las propias limitaciones consiste, para Holly, en percibir las matemáticas como una materia que puede ser contemplada de muchos modos y valorar las ideas y perspectivas de otras personas. Si abrimos nuestra mente para comprender que tanto los demás como nosotros mismos poseemos un potencial infinito, el impacto se amplifica cuando también abramos los contenidos a diferentes enfoques. La multidimensionalidad es el complemento perfecto para el crecimiento mental. Cada uno de ambos elementos funciona mejor en compañía del otro.

Parte del enorme éxito de nuestro campamento de matemáticas, que ha resultado en un aumento en el rendimiento de los alumnos equivalente a 2,7 años de escolarización, se debe a que utilizamos un enfoque multidimensional. Cuando, un año después, entrevistamos a los alumnos, algunos nos comentaron que, al regresar a las aulas, se les pidió que hiciesen hojas de tareas, pero que se llevaron las preguntas a casa y las abordaron visualmente con sus padres. Una niña me dijo, no sin cierto pesar, que la clase de matemáticas había dejado de ser interesante para ella, porque le decían que siempre tenía que seguir el «método de la profesora» y que no podía utilizar sus propios métodos. Me entristeció escuchar eso, pero también me di cuenta de que la alumna sabía ahora que había muchas maneras de pensar, aparte de la de la profesora, y que, aunque no pudiese utilizar sus métodos, sabía que eran importantes. A pesar de que se sentía frustrada, su perspectiva abierta seguía siendo operativa.

En muchas aulas se plantean problemas a los alumnos que estos no saben cómo abordar, lo que les lleva a pensar negativamente sobre sí mismos y sobre su aprendizaje. Pero, cuando los problemas cambian para convertirse en problemas de tipo «piso bajo, techo alto» —es decir, problemas que, si bien obligan a un trabajo más exigente, resultan accesibles a todo el mundo—, todos los alumnos pueden abordarlos y llegar a diferentes conclusiones.

Utilizamos este tipo de tareas en nuestro campamento, y también valoramos que existen múltiples formas de trabajar, diferentes maneras de encarar los problemas y distintas estrategias y métodos. Asimismo, alentamos los debates en los que los alumnos comparten sus diferentes maneras de ver y resolver problemas, dialogando y comparando los diversos enfoques. Por todas estas razones, los alumnos aprenden a trabajar productivamente y perciben que están aprendiendo, por lo que se sienten motivados a seguir adelante. Les proporcionamos un acceso claro a los problemas y les brindamos múltiples ejemplos sobre maneras de explorar las respuestas. Es este enfoque combinado de mentalidad y multidimensionalidad lo que muy a menudo se echa de menos en las aulas, los hogares y los entornos laborales.

Es igualmente difícil que los alumnos se desbloqueen y desarrollen una mente sin límites cuando están en escuelas que imparten exámenes y calificaciones frecuentes, ya que eso también les transmite el mensaje de que el cerebro es algo fijo.[18] Los pro-

fesores a los que he entrevistado para este libro son un poco distintos en este sentido, puesto que entienden la importancia de
que los alumnos desarrollen mentes ilimitadas, y para lograrlo
combinan los mensajes acerca del cerebro y la mentalidad con
un enfoque de la enseñanza y de las evaluaciones que promueva
el aprendizaje y el crecimiento.

Para enseñar matemáticas a mis alumnos universitarios, recurro a un abordaje multidimensional; dedicamos diez semanas
a enfocar las nociones matemáticas visualmente −y, a veces, fí-
sicamente−, así como numérica y algorítmicamente, todo lo cual
crea poderosas conexiones cerebrales. He aquí la valoración anó-
nima efectuada por uno de mis alumnos:

> Al menos en mi caso, las matemáticas solían quedarse sin resolver.
> Pero, desde que empecé esta clase, los problemas se han abierto
> camino en las tres dimensiones del espacio. Las paredes de mi ha-
> bitación, el reverso de la etiqueta identificativa que me pidió que
> hiciera, mi cuaderno para las asignaturas no STEM: cuadrados, dia-
> gramas, emociones convergen en el espacio cerebral que tenía reser-
> vado para el cálculo; solía ser unidimensional y trataba de encontrar
> una solución única. Pero ahora la dimensión que reservaba para las
> matemáticas se ha expandido de manera explosiva.

Otros estudiantes escribieron cosas diferentes acerca de la manera en que abordar visual y creativamente las matemáticas, y
el hecho de aprender acerca de la mentalidad y la ciencia del cerebro, les ha proporcionado una resiliencia que les ha cambiado la vida, posibilitándoles un mayor éxito en sus otras clases
en Stanford.

Marc Petrie es un ejemplo de alguien cuya vida ha cambiado
radicalmente a consecuencia del conocimiento de los beneficios

derivados de esforzarse y de abordar los contenidos de manera distinta. Marc ya tiene sesenta años, pero en su infancia sufrió un accidente que lo dejó parcialmente discapacitado. Sin embargo, su madre se negó a aceptar que no se recuperaría y que tendría que asistir a escuelas especiales durante el resto de su vida. Ella se encargó personalmente de rehabilitarlo, lanzándole, por ejemplo, bolsas de legumbres para que las atrapara y desarrollase su coordinación. Cuando Marc fue un poco más mayor, aprender a patinar fue un constante proceso de caer y levantarse de nuevo una y otra vez. Según comentaba, esos primeros años de lucha le proporcionaron una mentalidad de crecimiento, porque sin ella «no habría llegado a ninguna parte». Cuando, en un libro mío, Marc leyó sobre el esfuerzo, percibió de inmediato una conexión con su propia vida y la forma en que luchar lo había convertido en la persona que es ahora.

Aunque desarrolló una mentalidad de crecimiento durante sus primeros años de vida, fue un taller en el que participó hace un tiempo el que le proporcionó el lenguaje adecuado para hablar de ello con sus alumnos de segundo de secundaria. Antes de que Marc asistiese al taller, enseñaba principalmente con libros de texto muy poco inspiradores, pero, al volver a su aula en Santa Ana después del taller de verano, cambió su método de enseñanza.

Ahora empieza la clase todos los lunes por la mañana con un vídeo sobre alguien que tiene una mentalidad de crecimiento. En el día en que llevamos a cabo nuestra entrevista, Marc había mostrado un vídeo de un estudiante de quince años que había desarrollado una prueba para el cáncer de páncreas. Sus vídeos, que encuentra en varios sitios de internet, ejemplifican las ideas referentes a la mentalidad. Cada miércoles, Marc presenta su «no favorito», un problema matemático con errores que los alumnos tienen que esforzarse en identificar. Los viernes los alumnos trabajan en proyectos de matemáticas y de arte. Además de este programa regular de clases, Marc adopta un enfoque multidimensional de toda su enseñanza, animando a los alumnos a dibujar cómics que ilustren nociones matemáticas o mostrándoles imágenes de patrones u objetos y preguntándoles qué es lo que ven. Me dijo que tanto en las clases de matemáticas como en las de arte, los profesores proyectan imágenes y pinturas y preguntan a los alumnos qué ven. También invita a los alumnos a confeccionar telas con patrones y a explorar el trabajo de artistas famosos, observando la simetría en las pinturas, por ejemplo.

Antes de que Marc introdujese estas modificaciones, solo el 6% de sus alumnos alcanzaban los niveles exigidos de competencia matemática del distrito. Cuando cambió al enfoque multidimensional de la mentalidad, la tasa de éxito ascendió al 70%. Y, dado que Marc me comentó que utilizaba tantos métodos maravillosos y diferentes para enseñar matemáticas —arte, cine y otros medios creativos—, le pregunté si también trabajaba con los libros de texto. Marc me explicó que consigue mucho más cuando los alumnos tan solo dedican veinticinco o treinta minutos —no más— al «material contenido en el libro de texto», mientras que el resto del tiempo de clase lo dedican a otros proyectos, lo cual es algo que tiene mucho sentido para mí.

Marc aplica el enfoque de la mentalidad de crecimiento no solo a su enseñanza de las matemáticas, sino también a la vida. Me explicó que hace unos años, cuando su hijo era pequeño, su esposa enfermó de cáncer y se sometió a cinco intervenciones quirúrgicas. Pero, a pesar de las múltiples cirugías y de dieciocho meses de sesiones de quimioterapia, siguió desempeñando su trabajo de abogada. Marc tuvo que ser extremadamente fuerte durante este periodo, ya que debía cuidar a su esposa y a su hijo, además de seguir impartiendo clases. Me comentó que estaba obligado a ser «la persona más positiva que pudiera ser». Ahora su hijo está en la universidad y su esposa se ha recuperado, y Marc y ella pasan los sábados horneando galletas para las personas necesitadas. Su esposa también teje gorros para mujeres que reciben quimioterapia. Marc manifiesta una forma de pensar similar a la de otros entrevistados que han sabido ir más allá de sus límites, y que consiste en transformar lo negativo en algo positivo. Me habló de un concepto denominado en el judaísmo *tikkun olam*, «sanar al mundo», y de cómo considera que está relacionado con tener una mentalidad de crecimiento. Marc reflexionaba del siguiente modo: «Para mí, la cuestión es "¿por qué estoy en este planeta? ¿Por qué estoy aquí? ¿Por qué estoy en esta clase? Tiene que haber una razón"».

El enfoque positivo de Marc hacia la vida, incluso en momentos de extrema adversidad, resulta sumamente inspirador. Los cambios que ha llevado a cabo en su aula no solo han dado lugar a enormes avances en el rendimiento de los alumnos, sino que también han afectado a otros profesores de su escuela. Una vez que los profesores de sexto de primaria y primero de secundaria vieron el éxito de Marc en segundo de secundaria, comenzaron a aplicar algunas de sus ideas, y también observaron incrementos significativos en los niveles de rendimiento de sus propios alumnos.

Con un enfoque multidimensional, cualquiera puede aprender contenidos referentes a cualquier materia. El «Apéndice I», que se encuentra al final de este libro, ofrece a los lectores la oportunidad de pensar visualmente en las matemáticas. Los alumnos que asisten a clases que no abordan el contenido de forma multidimensional pueden adoptar este enfoque por sí solos. Ya me he referido al taller de verano que realizamos con 84 alumnos de secundaria que acudieron al campus de Stanford. En el seguimiento que, un año después, efectuamos a esos alumnos, uno de los chicos nos dijo que ahora entendía el volumen más profundamente porque siempre recordaba cómo vio y sintió un cubo de un centímetro en una actividad con terrones de azúcar en la que trabajamos. Es desafortunado que aquellos alumnos no siguiesen disfrutando, en la escuela, de oportunidades de pensar visualmente, físicamente y de muchas otras maneras, pero aquellos dieciocho días, por suerte, les proporcionaron una perspectiva diferente del aprendizaje, que fueron capaces de implementar en su vida.

Leah Haworth, una de las profesoras a las que he entrevistado, me habló de los enormes cambios que experimentaron sus alumnos cuando, en lugar de utilizar cuadernos de ejercicios reglamentados, les entregó extensos cuadernos en blanco y les dijo que los utilizasen para jugar con las ideas, dibujarlas y pensar en ellas. Brindar a los alumnos un espacio creativo para pensar y explorar se halla en perfecta consonancia con el abordaje multidimensional de los contenidos.

Hace algunos años, llevé a cabo en una escuela local una prueba procedente de nuestra semana de tareas matemáticas inspiradoras. Se trataba de un conjunto de lecciones de matemáticas visuales y creativas, que abarcan desde la educación infantil hasta la enseñanza secundaria y que ofrecemos gratuitamente en nuestra página web a cualquiera que desee utilizarlas. Caminaba después de la clase por el pasillo cuando la madre de una de las niñas se me acercó apresuradamente para preguntarme lo que habíamos estado haciendo en clase de matemáticas durante los últimos días; su hija, que siempre aborrecía la asignatura y se negaba a estudiarla, ¡había cambiado completamente de actitud y ahora imaginaba un futuro para sí misma en las matemáticas! Fue realmente hermoso escucharla, ya que sé que, cuando los niños cambian de opinión sobre lo que es posible y abren sus corazones a un enfoque diferente, se transforman sus caminos de aprendizaje.

Las tres primeras claves de aprendizaje, que abordan el valor de comprender el crecimiento y los desafíos, son fundamentales para desbloquear nuestro potencial. Sin embargo, otras personas consideran que, en ausencia de un contexto adecuado para el desarrollo creativo del cerebro, estos mensajes son frustrantes y contraproducentes. Cuando la mentalidad de crecimiento choca con las restricciones del mundo del cerebro fijo, pierde parte de su potencial de cambio. La respuesta, ahora lo sabemos, es el aprendizaje multidimensional: clave de aprendizaje 4. Adoptar una visión multidimensional de un problema, de un tema o del mundo en general desbloquea de manera decisiva nuestra capacidad para aprender y crecer. Una mentalidad de crecimiento, sumada a diferentes oportunidades de aprendizaje multidimensional, permite a los estudiantes de cualquier edad liberarse del miedo y superar los obstáculos, abordar los problemas desde una nueva perspectiva y adquirir confianza en su propia capacidad. Aun cuando trabajemos en el seno de sistemas rígidos y fijos —ya sean escuelas o entornos laborales que solo aprecian las perspectivas restringidas— que no valoran las múltiples maneras en que piensa la gente, adoptar un enfoque multidimensional de los problemas que afrontemos nos servirá de apoyo y reforzará todos los aspectos del aprendizaje y la vida.

Capítulo 5
¿POR QUÉ SE PREFIERE LA VELOCIDAD A LA FLEXIBILIDAD?

LAS IDEAS INCORRECTAS, los métodos defectuosos y las falsas suposiciones restringen de muchas maneras nuestro potencial de aprendizaje. La buena noticia es que ahora disponemos de la ciencia y de una enorme cantidad de enfoques contrastados para desbloquear ese potencial. Hemos abordado dos de los mitos más perjudiciales: la idea de que el cerebro es algo fijo y la creencia de que la dificultad es un signo de debilidad. Cuando las personas abandonan estas creencias erróneas, cambian de manera tan profunda como productiva.

En el presente capítulo abordamos otro mito dañino y ofrecemos su contraparte liberadora: la creencia de que, para destacar en matemáticas o en cualquier otra materia, hay que pensar con rapidez. Abandonar la idea de que la velocidad es importante, y enfocar el proceso de aprendizaje como un espacio para el pensamiento profundo y flexible, posibilita un gran avance en la forma en que nos relacionamos con el mundo. El pensamiento creativo y flexible es, como hemos mencionado en el capítulo anterior, el que emplean los «innovadores» en sus respectivos campos,[1] y se halla a nuestro alcance en el caso de que nos aproximemos al conocimiento desde una nueva perspectiva.

> CLAVE DE APRENDIZAJE 5
> La velocidad de pensamiento no es una medida de la aptitud.
> El aprendizaje se optimiza cuando abordamos las ideas
> y la vida con creatividad y flexibilidad.

Las matemáticas, más que cualquier otra materia, se han visto perjudicadas por la idea de que para ser bueno en esta asignatura hay que pensar con rapidez. Esto ha sido posible en parte debido a prácticas escolares perjudiciales, como los exámenes cronometrados de competencia aritmética, que muchas veces se administran a niños de tan solo cinco años de edad. Los padres también utilizan con sus hijos actividades matemáticas basadas en la velocidad, tales como fichas didácticas. Todo esto es parte de la razón por la cual la mayoría de la gente asocia las matemáticas con la velocidad, pensando que, si no son rápidos con los números, no pueden tener éxito. Como ejemplo de ello, muestro en mis charlas imágenes como la hoja de trabajo que aparece en la página siguiente. Aunque suelen suscitar quejas, algunas personas (una pequeña minoría) dicen que disfrutan de esta prueba. Ahora sabemos que los exámenes cronometrados de matemáticas que se administran a los niños pequeños suponen el principio de la ansiedad matemática para muchos de ellos, y la nueva investigación cerebral nos ayuda a entender el proceso por el cual sucede esto.

Multiplicar por 12

Nombre _____

2	12	6	7	6	12	4	8	2	5	12	4
x12	x12	x12	x12	x12	x12	x12	x12	x12	x12	x12	x12
9	4	12	2	3	3	6	4	11	6	7	2
x12	x12	x12	x12	x12	x12	x12	x12	x12	x12	x12	x12
1	8	5	12	9	7	11	6	2	2	7	12
x12	x12	x12	x12	x12	x12	x12	x12	x12	x12	x12	x12
7	5	1	12	8	6	8	3	0	6	4	2
x12	x12	x12	x12	x12	x12	x12	x12	x12	x12	x12	x12
5	12	4	2	6	11	4	9	3	8	3	2
x12	x12	x12	x12	x12	x12	x12	x12	x12	x12	x12	x12
6	4	12	12	12	0	9	4	8	5	2	7
x12	x12	x12	x12	x12	x12	x12	x12	x12	x12	x12	x12
5	1	8	12	7	4	12	5	9	1	3	7
x12	x12	x12	x12	x12	x12	x12	x12	x12	x12	x12	x12
8	9	5	5	6	11	7	3	6	5	8	5
x12	x12	x12	x12	x12	x12	x12	x12	x12	x12	x12	x12

Objetivo: _____   Número correcto: _____

LOS EFECTOS DEL ESTRÉS Y LA ANSIEDAD

El neurocientífico Sian Beilock ha estudiado el cerebro de las personas que trabajan bajo presión. Para efectuar cálculos, se requiere un área específica del cerebro llamada «memoria de trabajo» –denominada, en ocasiones, «motor de búsqueda de la mente»–, que, como el resto de las regiones cerebrales, se desarrolla mediante la práctica. Lo que Beilock ha demostrado es que, cuando estamos estresados o bajo presión, nuestra memoria de trabajo se ve obstaculizada.[2] Los alumnos más afectados en este sentido son aquellos que poseen más memoria de trabajo. Esto significa que, cuando se someten a exámenes cronometrados de matemáticas y se ven asaltados por la ansiedad −como les ocurre a muchos−, se bloquea su memoria de trabajo y son incapaces de calcular las respuestas. Entonces se instala la ansiedad y no tarda en seguirle un patrón de creencias dañinas.

La sensación de estrés que obstaculiza al cerebro puede ser algo que conozca el lector. ¿Alguna vez ha tenido que trabajar bajo presión en un cálculo matemático y ha sentido como si su mente «se quedase en blanco»? Es la sensación de estrés la que bloquea la memoria de trabajo. Cuando administramos exámenes cronometrados a niños pequeños, muchos de ellos experimentan estrés, su memoria de trabajo se ve afectada y no pueden recordar los datos matemáticos. Y, cuando se dan cuenta de que no pueden conseguirlo, se adueña de ellos la ansiedad.

He enseñado a estudiantes universitarios en Stanford durante muchos años, y en cada curso una proporción sustancial de mis alumnos se ven atenazados por este tipo de miedo y ansiedad. Siempre pregunto a quienes padecen un trauma relacionado con las matemáticas qué les ha ocurrido y cuándo. Y casi todos los alumnos a los que hago esa pregunta me responden de la misma manera, recordando los exámenes de matemáticas que llevaron a cabo en segundo o tercero de primaria. Algunos de ellos se pusieron ansiosos y no les fue bien, mientras que a otros les ocurrió lo contrario, pero las pruebas les llevaron a concluir (como es de esperar) que las matemáticas eran un tema de memoria superficial y se apartaron de ellas.

La profesora Jodi Campinelli describe una serie de eventos devastadores por los que pasó cuando era una niña y se enfrentó a pruebas cronometradas. A Jodi se le dijo al final de segundo de primaria que quizá tendría que repetir ese curso, porque no

había superado los exámenes cronometrados. Esta primera parte de la historia me horroriza, pero aún hay más. También se le
dijo que tendría que asistir a tutoría con el director, algo que Jodi
describe como una «tortura». Para colmo, sus padres la obligaron
a hacer pruebas cronometradas en la cocina por las tardes, po-
niendo a su lado un cronómetro que funcionaba a la perfección
mientras ella trabajaba febrilmente en los cálculos.

Detesto pensar en esta niña de segundo curso sometida a
este tipo de estrés. Primero se le transmitió la idea de que los
exámenes de matemáticas eran una indicación de su inteligencia,
de su valor como persona, y luego se le dijo que había fracasado. Jodi a menudo no terminaba las pruebas en el tiempo mar-
cado por sus padres o, si lo hacía, cometía errores, después de lo
cual su madre le decía que no pasaba nada y que ella tampoco
era buena para las matemáticas. Jodi comenta que, hasta el día
de hoy, «todavía la asusta» el sonido de un temporizador de cocina, y no me sorprende escuchar esas palabras.[3]

Jodi recibió muchos mensajes negativos cuando estaba en segundo de primaria, y la confirmación por parte de su madre de
que también era mala en matemáticas, sin duda con las mejores
intenciones, fue uno de ellos. La investigación de Sian Beilock ha
puesto de manifiesto interesantes asociaciones que nos indican
lo perjudiciales que son este tipo de mensajes. En uno de los estudios que llevaron a cabo, ella y sus colegas constataron que el
grado de ansiedad matemática expresado por los padres predice el logro de su hijo en la escuela.[4] La cantidad de conocimiento matemático que tienen los padres no es tan decisiva en este
sentido como la ansiedad que experimentan. Y la ansiedad hacia
las matemáticas impacta negativamente en los alumnos solo si
los padres les ayudan con los deberes. Por lo visto, si los padres
tienen ansiedad matemática, pero nunca interactúan con sus hi-

jos en la práctica de las matemáticas, esa ansiedad no se transmite. Pero, si les ayudan con las tareas, lo más probable es que les transfieran el mensaje de que las matemáticas son difíciles, de que no son buenos en esa asignatura o, lo que es peor, ponen a sus hijos a trabajar con un temporizador de cocina.

Beilock y su equipo también han descubierto que el grado de ansiedad que las profesoras de primaria tienen hacia las matemáticas predice el rendimiento de sus alumnas, aunque no el de los alumnos.[5] Imagino que este resultado se debe a que las profesoras comparten sus sentimientos acerca de las matemáticas a través de afirmaciones que he tenido oportunidad de escuchar, como la obvia: «En la escuela, yo tampoco era demasiado buena en matemáticas». Y también: «Terminemos rápidamente con esto para poder dedicarle más tiempo a la clase de lectura». Las niñas se ven más afectadas que los niños por ese tipo de mensajes, porque se identifican más con las profesoras del mismo sexo. Ambos estudios evidencian que los mensajes de padres y profesores sobre las matemáticas pueden reducir el rendimiento de los alumnos. Esto pone de relieve una vez más la relación existente entre nuestras creencias y nuestros logros.

Por fortuna, Jodi tuvo mejores experiencias a medida que iba progresando en la escuela. Ella se dio cuenta del daño que supone primar la velocidad y en el presente es profesora de matemáticas en primaria y secundaria, y comparte el mensaje con su alumnado de que el pensamiento lento y profundo es lo más importante. Con el tiempo ha aprendido que el temporizador de su cocina no medía su valía y ha pasado por el reseñable proceso de convertirse en una persona sin límites. Comprender que la velocidad no es relevante fue una clave particularmente importante para ella.

LA NEUROCIENCIA DE LA VELOCIDAD

La ironía de los desafortunados ejercicios matemáticos basados en la velocidad que se llevan a cabo en las escuelas, donde los niños son repelidos de toda una vida de pensamiento matemático y científico porque no producen datos matemáticos rápidamente y bajo presión, es que las matemáticas no requieren velocidad. Algunos de los pensadores matemáticos más poderosos son muy lentos con los números y con otros aspectos de las matemáticas. Su pensamiento no es rápido, sino lento y profundo.

En los últimos años, algunos de los mejores matemáticos del mundo, incluidos los que han obtenido la Medalla Fields, como Laurent Schwartz[6] y Maryam Mirzakhani[7], han hablado abiertamente de su gran lentitud para las matemáticas. Tras ganar la Medalla Fields, Schwartz escribió una autobiografía sobre sus días escolares en la que decía que se sentía como un estúpido en la escuela porque era uno de los pensadores más lentos. Él escribe lo siguiente:

> Siempre me sentí profundamente inseguro acerca de mi propia capacidad intelectual; creía que no era inteligente. Y es cierto que era, y sigo siendo, bastante lento. Necesito tiempo para comprender las cosas porque siempre tengo que entenderlas completamente. Hacia el final de primero de bachillerato, me consideraba secretamente una persona lerda y eso me preocupó durante mucho tiempo.
>
> Sigo siendo igual de lento [...]. Al final de primero de bachillerato cobré conciencia de la situación y llegué a la conclusión de que la rapidez no tiene una relación precisa con la inteligencia. Lo importante es comprender profundamente las cosas y las relaciones que mantienen entre sí. Es ahí donde reside la inteligencia. El hecho de ser rápido o lento no es en absoluto relevante.[8]

Cuando yo estaba en el instituto, era una alumna de pensamiento rápido, para gran molestia de mi profesora de matemáticas de cuarto de secundaria. Cada día, comenzaba la clase escribiendo unas ochenta preguntas en la pizarra. Mientras ella hacía esto, me divertía responder a la misma velocidad en que iba escribiendo las preguntas. Para cuando dejaba la tiza y se volvía hacia nosotros, yo ya tenía todas las respuestas y le entregaba mi trabajo. Pero la profesora nunca pareció muy contenta y, en cierta ocasión, me dijo que solo lo hacía para irritarla (una afirmación digna de toda una reflexión). Entonces revisaba mis respuestas, esperando que hubiese cometido un error, pero no recuerdo que cometiera nunca ninguno. Si pudiera retroceder en el tiempo con el conocimiento que tengo ahora, le diría a aquella profesora que respondía con tanta rapidez a las preguntas porque no requerían un pensamiento profundo o complejo, aunque probablemente eso tampoco la hubiese contentado.

Cuando me daba prisa con las preguntas de matemáticas, yo misma trabajaba con el mito de que la velocidad es importante. En nuestro arcaico sistema escolar, no es sorprendente que millones de estudiantes crean que lo que se valora es el rendimiento rápido. En la actualidad, muchos años después, he aprendido a enfocar el contenido de manera diferente. Ya no veo los problemas matemáticos como algo que haya que responder a toda velocidad, sino como algo en lo que pensar de manera profunda y creativa. Ese cambio me ha sido de gran ayuda. Ahora no solo el pensamiento matemático me resulta más provechoso, sino también cualquier lectura o trabajo científico o técnico. Mi cambio de enfoque me ha ayudado enormemente y alimenta mi pasión por ayudar a otros a desmontar este mito omnipresente en la búsqueda del entendimiento, la creatividad y las conexiones.

El médico Norman Doidge afirma que es probable que cuando las personas aprenden algo rápidamente se fortalezcan las conexiones neuronales existentes, explicando que este tipo de conexiones neuronales son «fáciles de establecer», pero también pueden revertirse rápidamente.[9] Eso es lo que ocurre cuando estudiamos y repasamos para un examen lo que ya hemos aprendido. Empollamos información y la reproducimos en el plazo de un día más o menos, pero esta no permanece y se olvida con facilidad. Los cambios cerebrales permanentes tienen lugar con la formación de nuevas estructuras cerebrales, es decir, con la aparición de nuevas conexiones y sinapsis neuronales. Y este siempre es un proceso lento.

Doidge pone como ejemplo un estudio sobre las personas que aprenden braille. Los investigadores vieron que el desarrollo cerebral más rápido comenzaba de inmediato, pero el desarrollo más lento, profundo y permanente insumía mucho más tiempo. Y era ese tipo de aprendizaje el que perduraba y se mantenía a lo largo de los meses. Doidge aconseja que, si el alumno siente que no aprende porque su mente es como un colador, debe insistir, ya que el aprendizaje más profundo y efectivo llegará tarde o temprano. Dice también que los estudiantes «tortuga», que parecen lentos a la hora de aprender una habilidad, pueden, sin embargo, aprenderla mejor que sus amigos del tipo «liebre», es decir, los «alumnos veloces», que, en ausencia de una práctica sostenida que afiance el aprendizaje, no necesariamente asimilan lo aprendido.[10]

Cuando hay alumnos que aprenden de manera lenta y otros lo hacen de modo más rápido, los profesores suelen asumir que su potencial es diferente, pero lo que ocurre en realidad es que están involucrados en una actividad cerebral distinta, siendo la actividad lenta y profunda la más importante. En Estados Unidos, las escuelas tienden a valorar el aprendizaje más rápido y superficial que puede ser evaluado mediante exámenes, de manera que los alumnos que memorizan a gran velocidad suelen tener más éxito cuando se utilizan este tipo de mediciones. Sin embargo, la investigación demuestra que los alumnos que se esfuerzan más y aprenden más lentamente son los que más progresan a largo plazo.

Una de las maneras en que el aprendizaje rápido resulta perjudicial es cuando los alumnos lentos se comparan con los que trabajan más rápido. El resultado, por lo general, es que el alumno sienta que no es apto para la tarea en cuestión. En las escuelas y colegios de todo el país, hay alumnos que se dan por vencidos cuando ven a otros trabajar más rápido. Nancy Qushair, jefa del departamento de matemáticas de una escuela de bachillerato internacional, describe un hecho bastante generalizado: una alumna, llamada Millie, se había dado por vencida porque veía que los demás «aprendían matemáticas» con mayor rapidez. Cuando Millie empezó en la clase de Nancy, dijo que odiaba las matemáticas y se definía como «estúpida». Entonces escribió una nota a Nancy en la que decía:

> Miro a los compañeros sentados a mi lado y siempre terminan mucho más rápido que yo. Ya han terminado cuando yo apenas empiezo. Y, cuando me comparo con ellos, pienso que nunca seré capaz de hacer lo mismo.

Pero Millie no es la única que tiene estos sentimientos, sentimientos que, según sabemos ahora, hacen funcionar a nuestro cerebro de forma menos eficaz. Por eso, Nancy decidió cambiar la trayectoria de Millie con mucha determinación y cuidado. Le pidió que dejase de fijarse en los demás, que se enfocase tan solo en ella misma y que se propusiese una meta, alguna cosa que le gustaría alcanzar durante las siguientes semanas. Millie respondió que «por fin» quería entender los números enteros. «De acuerdo —le dijo Nancy—. No vamos a abordar todos los contenidos del curso, sino que solo vamos a comprender los números enteros. Así que vamos a trabajar juntas.»

Nancy entonces proporcionó a Millie una serie de representaciones visuales —líneas numéricas, termómetros e imágenes de carteras Prada— para que pensara en ellas matemáticamente. Y, a lo largo del curso, encontró la manera de que Millie y los otros alumnos trabajasen de manera más creativa. Al concluir el año escolar, Millie era una persona distinta y le escribió de nuevo una nota a Nancy:

Querida señora Qushair, solo quería darle las gracias por ser una gran profesora. No estoy diciendo tan solo que sea una gran persona, sino que también es una profesora estupenda. Al principio, pensé que sus vídeos sobre gente que no podía hacer operaciones matemáticas estaban equivocados. Realmente creía que no podía aprender matemáticas. No me daba cuenta de que, si pensaba de ese modo, nunca avanzaría. Usted no solo me ha enseñado la asignatura, sino que me ha enseñado otro modo de ver las cosas y de trabajar con las matemáticas. Soy una persona creativa, así que las matemáticas nunca fueron lo mío. Pero, cuando usted empezó a proporcionarnos imágenes y a mostrarnos por qué hacemos las cosas, en lugar de limitarse a enseñarnos cómo hacerlas, empecé a entenderlo. Sabía que, una vez que lo entendiese, seguiría adelante. Me ha ayudado mucho. Ha pasado casi un año y siento que he crecido mucho. Realmente no creí que pudiera llegar tan lejos. «Solo inténtalo, Millie.» Siempre me decía eso y yo pensaba: «Lo intentaré, pero no lo conseguiré, nunca lo conseguiré». Estaba muy equivocada. Usted sabía que podía hacerlo, y eso me ayudó durante todo el curso. Así pues, solo quería darle las gracias.

Millie dice algo muy esclarecedor en esa nota. Habla de algo que ya sabemos que es de suma importancia: el hecho de que Nancy creyese en ella y siguiera transmitiéndole mensajes positivos. Pero también dice: «Cuando usted empezó a proporcionarnos imágenes y a mostrarnos por qué hacemos las cosas, en lugar de limitarse a enseñarnos cómo hacerlas, empecé a entenderlo. Sabía que, una vez que lo entendiese, seguiría adelante». Aquí, Millie capta un elemento esencial del aprendizaje al que nos hemos referido en el capítulo anterior, es decir, que no basta con compartir mensajes positivos con los alumnos, sino que también tenemos que posibilitarles el acceso a la comprensión y a las experiencias satisfactorias.

Esto nos lleva de nuevo al enfoque multidimensional, en el que el proceso de aprendizaje es algo abierto y se asignan tareas creativas y visuales para ayudar a los alumnos a contemplar las ideas matemáticas de forma diferente para obtener resultados positivos. Este enfoque es mucho más eficaz que las técnicas de memorización superficial y repetitiva utilizadas en el pasado. Y, sin embargo, en muchas áreas, continuamos promocionando las habilidades de la memoria, aunque sabemos ahora que los buenos memorizadores no tienen más capacidad para las matemáticas.[11] Los alumnos que tienen buena memoria descubren que pueden tener buenos resultados, limitándose a seguir los métodos de los profesores, a menudo sin desarrollar ninguna comprensión. He conocido a muchos alumnos sobresalientes de matemáticas, incluso a algunos que han cursado matemáticas en las mejores universidades, que lamentan no haber comprendido realmente nada del trabajo que han realizado a lo largo de los años. El hecho de valorar la memorización por encima de la comprensión no solo perjudica a los pensadores profundos, puesto que terminan alejándose de la materia, sino también a los que dependen de su buena memoria, pues se verían favorecidos por un tipo de abordaje del conocimiento que les posibilitaría el acceso a una comprensión profunda.

Cuando Nancy transformó las matemáticas en algo visual y les dio a los alumnos una idea de por qué hacían las cosas de ese modo, en lugar de limitarse a cómo hacerlas, Millie experimentó su primer logro. Y, una vez que lo experimentó, siguió adelante y comenzó a rechazar el mito en el que había creído: que nunca podría ser buena en matemáticas.

El trabajo de Nancy no se limitaba a crear, tanto para su clase como para otras clases de su escuela, una experiencia positiva de las matemáticas, sino que además ayudaba a alumnos que se habían dado por vencidos y se esforzaba por cambiar su experiencia. Nancy asignó a Millie una tarea que sabía que la ayudaría a entender las matemáticas de manera distinta. Incluso se las arregló para sentarse con ella durante una de las evaluaciones escolares y mostrarle cómo responder a las preguntas aplicando un pensamiento visual. Antes de asistir a la clase de Nancy, Millie recibía suspensos y algún aprobado en matemáticas. Al final del año con Nancy, obtuvo un notable. Y lo que es más importante, entendió la asignatura y dejó de pensar que no era buena para las matemáticas.

Nancy ha trabajado con todos los profesores de la escuela para dar a conocer las ideas que comparto tanto en este libro como en mi libro *Mathematical Mindsets* y en mis clases *online*. Al reflexionar en los cambios ocurridos en el conjunto de la escuela, Nancy dijo lo siguiente:

Nunca pensé que llegaría el día en que viese finalmente a un grupo de profesores entusiasmados por enseñar a las chicas y chicos y, sobre todo, entusiasmados por enseñarles matemáticas. Y que, además, están impacientes por percibir cambios en sus alumnos. No se trata tan solo mi clase, ni tan solo de un alumno. Son muchos los alumnos y muchos los profesores que realmente se han beneficiado de ello, lo cual también ha tenido un impacto en su vida cotidiana.

La maravillosa historia de cómo Nancy ayudó a Millie a cambiar de perspectiva y de enfoque, algo que, a la postre, cambiaría la vida de Millie, pone de relieve algunas de las importantes maneras en que los alumnos pueden desarrollar una mente sin límites. Para entender mejor este último concepto, nos sumergiremos más profundamente en el mundo del aprendizaje de las matemáticas, sopesando los resultados de un estudio fascinante que tiene implicaciones para profesores y alumnos de cualquier asignatura, así como para padres y autoridades. El estudio nos brinda una perspectiva interesante sobre el funcionamiento de la mente humana y el papel de la flexibilidad.

PENSAR CON FLEXIBILIDAD

Dos profesores británicos, Eddie Gray y David Tall, ambos de la Universidad de Warwick, trabajaban con grupos de alumnos de edades comprendidas entre los siete y los trece años que habían sido categorizados por sus profesores como de bajo, medio o alto rendimiento.[12] Los investigadores formularon a los estudiantes preguntas numéricas, les mostraron elementos visuales y recopilaron sus estrategias. Por ejemplo, les asignaron el problema 7 + 19, mostrándoles visualmente los números.

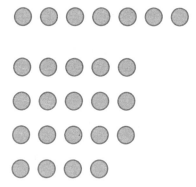

Los investigadores observaron que la diferencia entre los alumnos de alto y de bajo rendimiento no residía en que los primeros
supiesen más, sino en que se relacionaban de manera flexible
con los números. Los investigadores recopilaron diferentes estrategias: «contar todo», en la que los alumnos simplemente contaban todos los números; «contar a partir de un número», en el
que empezaban con un número y contaban hacia arriba; «hechos conocidos», es decir, cuando recordaban haber realizado
ya esa operación; y, por último, «sentido numérico», el cual indi-
caba que utilizaban los números de manera flexible, por ejemplo,
abordando un problema como el de la suma de 7 + 19 mediante el cálculo de los números 20 + 6. Estas fueron las estrategias
que los investigadores identificaron en los estudiantes de alto y
de bajo rendimiento:

Alumnos con alto rendimiento:
   30% hechos conocidos
   9% contar a partir de un número
   61% sentido numérico

Alumnos con bajo rendimiento:
6% hechos conocidos
72% contar a partir de un número
22% contar todos
0% sentido numérico

Los resultados fueron espectaculares. Los alumnos de alto rendimiento no solo pensaban con flexibilidad, sino que el 61% de ellos utilizaba el sentido numérico, una estrategia completamente ausente en los alumnos con bajo rendimiento.

Estos últimos habían desarrollado estrategias de conteo, como contar hacia delante o contar hacia atrás (comenzando con un número y contando hacia atrás) y se aferraban a ellas y las utilizaban para todas las preguntas, aunque no tuviesen sentido. Los investigadores también reseñaron un hecho importante: los alumnos de bajo rendimiento, que no pensaban con flexibilidad, aprendían unas matemáticas diferentes, unas matemáticas que eran más difíciles, y lo ilustran con el cálculo de 16 ▯ 13.

Los alumnos con bajo rendimiento abordaban la operación 16 ▯ 13 contando hacia atrás, lo que de hecho es bastante difícil de hacer (intentemos empezar con el número 16 y contar hacia atrás 13 cifras) y presenta muchas posibilidades de equivocarse. Los alumnos con alto rendimiento, en cambio, manejaban los números de manera flexible, restando 3 de 6 y 10 de 10 para obtener 3. Este tipo de flexibilidad numérica es extremadamente importante, pero cuando se entrena a los alumnos a memorizar ciegamente datos matemáticos y a trabajar con algoritmos antes de entenderlos, recurren automáticamente a la memorización y nunca desarrollan la habilidad de pensar en los números de manera flexible.

Los alumnos que evidencian un bajo rendimiento en los primeros años escolares −sobre todo con problemas numéricos− suelen ser segregados e instruidos mediante un enfoque de «repetir y practicar», que muchos alumnos renombran de maner acertada como «practicar hasta morir». Pero esto es, probablemente, lo que menos necesitan. No rinden lo suficiente porque tienen un enfoque equivocado de las matemáticas, pensando que necesitan utilizar métodos de memorización. Por eso, memorizan estrategias de conteo que siguen utilizando, aun cuando el sentido numérico les sería mucho más útil. Lo que necesitan, en lugar de la repetición, es relacionarse con los números de manera flexible y creativa; tienen que abordarlos de modo diferente.

APRENDIZAJE CONCEPTUAL

¿Qué significa abordar conceptualmente los números? Esta puede ser una idea extraña para muchos lectores que siempre se han visto alentados a aproximarse a los números a través de métodos, hechos y reglas. Gray y Tall distinguen entre conceptos y métodos en las matemáticas tempranas, tal como se muestra en la siguiente tabla.

Aprendemos métodos como contar para desarrollar el concepto de número. Aprendemos a «contar a partir de» para desarrollar el concepto de suma, y aprendemos a sumar repetidamente para desarrollar el concepto de producto. Aunque las matemáticas son una cuestión conceptual, muchos alumnos no las aprenden conceptualmente, sino más bien como un conjunto de reglas o métodos que memorizar. Como ya hemos comentado, esto se convierte en un grave problema para muchos alumnos, y algunas investigaciones fascinantes sobre el cerebro arrojan luz sobre las causas de dicho problema.

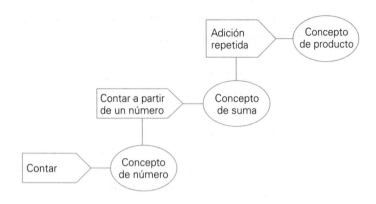

Cuando adquirimos un nuevo conocimiento, este ocupa un gran espacio en nuestro cerebro —ocupa literalmente más sitio— mientras el cerebro averigua lo que significa y cómo se conecta con otras ideas ya aprendidas. Pero, a medida que transcurre el tiempo, los conceptos que ya hemos aprendido se comprimen en un espacio más reducido. Las ideas siguen ahí para que, cuando las necesitemos, podamos «extraerlas» rápida y fácilmente de nuestro cerebro y utilizarlas; simplemente ocupan menos espacio. Si tuviera que enseñar aritmética a alumnos de preescolar, los conceptos ocuparían un gran espacio en su cerebro. Pero, si les pidiese a adultos que sumaran 3 y 2, lo harían rápidamente, extrayendo la respuesta de su conocimiento comprimido acerca de la suma. William Thurston, matemático que obtuvo la Medalla Fields, describió la compresión de esta manera:

> Las matemáticas son increíblemente comprimibles: puede que tengamos que esforzarnos, paso a paso, durante mucho tiempo para trabajar con el mismo proceso o idea desde varios enfoques. Pero, una vez que realmente lo entendemos y tenemos la suficiente perspec-

tiva mental para verlo como un todo, a menudo hay una tremenda compresión mental. Podemos archivarlo, recuperarlo rápida y completamente cuando lo necesitemos y utilizarlo como un solo paso en otros procesos mentales. El conocimiento profundo derivado de este proceso es una de los mayores placeres de las matemáticas.[13]

Tal vez haya pocos alumnos que relacionen matemáticas y «placer», y el motivo es, en parte, que solo podemos comprimir conceptos. Así pues, cuando los alumnos abordan conceptualmente las matemáticas —observando las ideas desde diferentes ángulos y utilizando los números de manera flexible—, forjan una comprensión conceptual y crean conceptos que pueden ser comprimidos en el cerebro. En cambio, cuando creen que las matemáticas tienen que ver con la memorización, no desarrollan ese tipo de comprensión ni forman nociones que puedan ser comprimidas.[14] En lugar de conceptos sintéticos, sus conocimientos matemáticos se parecen más a una escalera de métodos memorizados que se apilan los unos encima de los otros, extendiéndose, tal como les parece a esos alumnos, hasta el cielo.

Cuando les hablo a los profesores y a los padres sobre esta investigación, me preguntan: «¿Cómo hago para que mis alumnos aprendan conceptualmente?». Existen muchos modos para conseguir que los alumnos se impliquen conceptualmente. En primer lugar, es importante no limitarnos a brindarles reglas que memorizar, sino también explicarles las razones por las que las reglas funcionan. En el capítulo anterior, me he referido al valor de preguntar a los alumnos cómo ven una determinada idea, lo que realmente puede ayudarles a entenderla conceptualmente.

Otro enfoque conceptual de la enseñanza y el aprendizaje de los números, denominado «conversaciones sobre números», fue ideado por los educadores Ruth Parker y Kathy Richardson y desarrollado por Cathy Humphreys y Sherry Parrish. El método consiste en hablar de diferentes enfoques para los problemas numéricos. En una conversación sobre números, se les pide a los alumnos que lleven a cabo mentalmente un cálculo numérico, sin utilizar papel ni lápiz, y luego los profesores recopilan los diferentes métodos que han utilizado para ello. Cuando enseño a otras personas a realizar conversaciones sobre números, también les recomiendo que aporten representaciones visuales, para alentar la activación de diferentes vías cerebrales. Para entender esto más profundamente, tratemos de efectuar mentalmente diferentes cálculos de 18×5 antes de leer o mirar más adelante para encontrar algunas soluciones.

He aquí seis maneras distintas de calcular 18×5 (hay más) con sus correspondientes representaciones visuales.

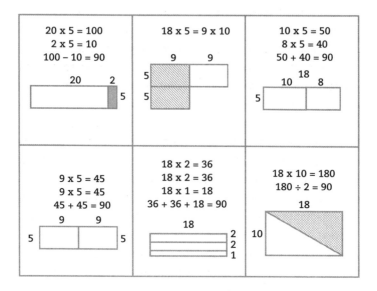

Podemos plantear todo tipo de problemas numéricos y resolverlos de diferentes maneras, separando los números y convirtiéndolos en números más «manejables», tales como 20, 10, 5 o 100. Esto facilita los cálculos y fomenta la flexibilidad numérica, algo que reside en el núcleo del sentido numérico. Deberíamos celebrar con los alumnos las diferentes maneras de percibir y resolver las matemáticas, en lugar de enseñarlas como una lista de reglas que memorizar.

Cuando muestro a diferentes audiencias las múltiples maneras en que es posible abordar un problema numérico, mucha gente expresa su sorpresa y experimenta una sensación de liberación. Un día fui invitada a reunirme con el prodigioso profesor e inventor Sebastian Thrun y su equipo en Udacity. Thrun, que fue el inventor del coche sin conductor y uno de los primeros creadores de los cursos *online* masivos y abiertos (MOOC), trabaja ahora en el diseño de coches voladores. Lo entrevisté durante mi primer curso *online* para ayudar a difundir sus ideas sobre las matemáticas y la enseñanza.

La primera vez que vi a Sebastian, me invitó a Udacity para charlar con su equipo. Ese día, me senté con sus ingenieros en una sala abarrotada de gente. Los que cabíamos estábamos en torno a una gran mesa; otros se apoyaban contra las paredes. Sebastian me preguntó acerca de los enfoques positivos de las matemáticas, así que pregunté al público presente en la sala si les gustaría resolver juntos un problema aritmético. Estuvieron de acuerdo y entonces les pedí que resolvieran la operación 18 × 5. Luego recopilé los diferentes métodos utilizados, los anoté en el panel y, a medida que avanzaba, les fui mostrando diferentes imágenes. Los presentes quedaron asombrados, hasta el punto de que algunos de los miembros del equipo salieron de inmediato al exterior y comenzaron a abordar a la gente, pidiéndoles que resolvieran el problema de 18 × 5. También crearon un minicurso *online* de 18 × 5 e hicieron camisetas de 18 × 5 que empezaron a utilizar en Udacity.

Compartí el mismo enfoque con otro líder tecnológico extraordinario, Luc Barthelet, que había dirigido el desarrollo de productos de SimCity y que en ese momento era director ejecutivo de Wolfram Alpha, un sitio de datos computacionales *online*. Estaba tan entusiasmado que empezó a pedir a todos sus conocidos que abordaran el problema. Por supuesto, 18 × 5 no es el único problema que puede resolverse de múltiples maneras. Todas estas personas —usuarios de alto rendimiento en matemáticas— se sintieron liberadas cuando vieron que los problemas matemáticos podían ser abordados de múltiples maneras creativas.

¿Por qué la gente se sorprende tanto por este enfoque multidimensional y creativo de las matemáticas? Una persona que había hecho el ejercicio de 18 × 5 y que se sintió muy impactada por él, comentó: «No es que no supiese que se podía hacer eso con los números, pero de alguna manera pensaba que no estaba permitido».

Un profesor de Inglaterra relató su experiencia con las conversaciones sobre números. Entabló una conversación sobre números con su grupo más «selecto» (curso superior) y empezó con el problema de 18 × 5. Los alumnos compartieron voluntariamente diferentes métodos para resolver el problema, lo que dio lugar a un buen debate. Después, planteó el mismo problema a su curso «inferior», pero solo recibió silencio. Los alumnos de este grupo eran capaces de dar una respuesta utilizando un algoritmo, pero no se les ocurrían otros enfoques. Entonces les dijo que buscasen modos alternativos, como, por ejemplo, calculando 20 × 5. La clase se sorprendió y dijo: «Pero, señor, creíamos que no era posible hacer eso». Los alumnos de alto rendimiento habían aprendido a abordar los números con flexibilidad, mientras que los estudiantes de bajo rendimiento no lo hacían, porque pensaban que la flexibilidad numérica «no era posible».

Esto nos habla del daño causado por la educación matemática: la gente piensa que la flexibilidad numérica no está permitida y que las matemáticas consisten en atenerse a un conjunto de reglas. No es de extrañar que tantas personas se alejen de la materia. Este problema, que he observado en múltiples ocasiones, no solo afecta especialmente a los alumnos con bajo rendimiento −como sugieren el ejemplo de enseñanza y la investigación de Gray y Tall−, sino a todos los alumnos y también a nuestro país.

Un enfoque muy útil para la resolución de problemas matemáticos se denomina «tomar un caso más pequeño». Cuando abordamos un problema complejo intentándolo con números menores, los patrones inherentes al problema a menudo se vuelven más claros y visibles. Consideremos, por ejemplo, la elegante demostración conocida como la prueba de Gauss. Este es uno de esos hermosos patrones matemáticos que es posible identificar en todo tipo de situaciones y que es útil que todo el mundo conozca, ya sea que enseñemos o eduquemos a alumnos que estudian matemáticas o no.

Carl Friedrich Gauss era un matemático alemán que vivió en el siglo XIX. No sé si esta historia sobre la infancia de Gauss es exacta, pero es una buena historia. Cuando el pequeño Gauss estaba en la escuela primaria, su maestra se dio cuenta de que necesitaba darle problemas difíciles, así que le planteó un problema que pensó que le llevaría mucho tiempo. Le pidió que sumara todos los números del 1 al 100. Pero el joven Gauss percibió patrones interesantes y comprendió que no necesitaba sumar todos los números. Se dio cuenta de que, si sumaba 1 y 100 obtenía 101, y si sumaba 2 y 99 obtenía 101, y si sumaba 3 y 98 obtenía igualmente 101. Vio que tenía 50 pares de números que equivalían a 101 y que el total de la suma era igual a 50×101.

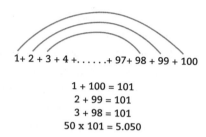

$$1 + 100 = 101$$
$$2 + 99 = 101$$
$$3 + 98 = 101$$
$$50 \times 101 = 5.050$$

Para entender los patrones en la prueba de Gauss, es útil tomar una serie de números más pequeños, por ejemplo, observando lo que sucede con los números del 1 al 10.

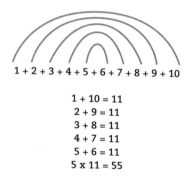

$$1 + 10 = 11$$
$$2 + 9 = 11$$
$$3 + 8 = 11$$
$$4 + 7 = 11$$
$$5 + 6 = 11$$
$$5 \times 11 = 55$$

Este conjunto más pequeño de números nos ayuda a ver lo que sucede y la razón por la que al emparejar números que son uno mayor y otro menor que el par anterior nos dará el mismo número. Si el lector desea un reto y una oportunidad adicional para el crecimiento del cerebro, debe considerar de qué modo el método de Gauss puede funcionar con una cifra impar de números sucesivos.

Tomar un caso más pequeño es un acto inherentemente matemático, pero cuando se lo enseño a los alumnos, encuentro que aquellos con bajo rendimiento se resisten. Y entiendo el porqué, puesto que se les ha enseñado que las matemáticas son un conjunto de reglas a seguir. La idea de no responder directamente a la pregunta que se te formula, sino hacer otra diferente, adaptando la pregunta, es totalmente ajena a ellos y parece romper las «reglas» que han aprendido.

Aprender a jugar con los números y percibir las matemáticas como una asignatura que puede ser abordada de manera abierta y multidimensional me parece un enfoque muy importante en la vida. Digo esto no para ser excesivamente dramática, sino porque sé que, cuando la gente ve las matemáticas de manera diferente, también percibe su propio potencial de manera distinta, algo que cambia su vida y les ofrece acceso a experiencias que de otro modo estarían fuera de su alcance. No solo les permite tener éxito en matemáticas y progresar con las materias STEM en la escuela y posteriormente, sino que les brinda una alfabetización cuantitativa que les ayudará a entender las finanzas, las estadísticas y otras áreas en su vida relacionadas con las matemáticas.

Cuando los profesores ofrecen a los alumnos una experiencia abierta, conceptual y sorprendente de las matemáticas, esta resulta enormemente liberadora. El siguiente relato concerniente a una alumna liberada por el planteamiento conceptual de un problema matemático procede de Nina Sudnick, maestra de cuarto de primaria en Ohio. Durante su primer año de enseñanza, Nina se sorprendió de los escasos conocimientos que mostraban sus alumnos, a pesar de que era su quinto año estudiando matemáticas. Nina trató de entenderlo mejor y terminó leyendo uno de mis primeros libros, *What's Math Got to Do with It?* Ella recuerda:

> Mientras leía ese libro, fui subrayando casi todas las frases; puedo enseñártelo para que lo veas. Mi cerebro estaba a punto de explotar de-

bido a las diferentes ideas que siempre me habían preocupado, pero que nunca había sido capaz de articular. No podía entender por qué aquellos alumnos tenían tantas dificultades.

Nina regresó a la escuela después del verano y cambió su manera de enseñar. Al final de su primer año, el 64% de sus alumnos habían alcanzado el nivel de competencia requerido. Al año siguiente, una vez que cambió su método de enseñanza, esa cifra subió al 99%.

Uno de los cambios importantes que Nina introdujo fue la forma de gestionar sus evaluaciones diarias y semanales. En lugar de calificar los exámenes con positivos y negativos y devolverlos a los alumnos, un proceso que transmite mensajes fijos acerca de sus logros, comenzó a escribir comentarios en los trabajos de los alumnos, señalando lo que ya entendían y lo que apenas comenzaban a entender. Al principio, cuando devolvía a los alumnos sus exámenes, estos buscaban puntos positivos y negativos, pero no podían encontrar ninguno. Nina afirma que ahora ve su desempeño en las pruebas como una indicación de dónde se hallan en un espectro de comprensión.

También presentó a los alumnos problemas matemáticos de naturaleza más abierta y conceptual. Uno de los problemas que les planteó procedía de nuestra «Semana de matemáticas inspiradoras», un conjunto de problemas abiertos y creativos que compartimos cada año. Este es un problema sin resolver en la historia de las matemáticas, llamado la conjetura de Collatz, y lo planteamos de esta manera:

- Empieza con cualquier número entero.
- Si el número es par, divídelo por 2 (pártelo por la mitad).
- Si el número es impar, multiplícalo por 3 y suma 1.

- Sigue generando números hasta que termine tu secuencia.
- Elige otro número y crea una nueva secuencia. ¿Qué crees que ocurrirá?

Nadie ha encontrado nunca una secuencia de números que no termine en 1 ni ha probado por qué sucede esto. El problema también se conoce como la secuencia del granizo, debido al patrón que forman los números, comportándose como las piedras de granizo en una nube en el modo en que ascienden y descienden de nuevo.

Las gotas de lluvia son empujadas por el viento por encima del punto de congelación, donde giran, se congelan y crecen hasta que pesan lo bastante como para caer a tierra en forma de granizo.

Aunque nadie ha resuelto todavía este problema, decidimos que era adecuado para niños a partir del tercer curso de primaria. Muchos profesores se lo plantearon a sus alumnos, desafiándolos a ser la primera persona en encontrar un patrón que no terminara en 1, un reto que, por supuesto, les encantaba. En Twitter vimos muchas fotos que los profesores habían publicado de alumnos produciendo hermosas representaciones de los patrones.

Una de las alumnas de Nina, Jodi, era una niña cuya condición médica la obligó a faltar mucho a la escuela durante el curso y que, a menudo, le impedía completar sus tareas. Aunque las matemáticas nunca habían sido una asignatura que le gustase, estaba encantada con el problema del granizo. Un día, Nina se dio cuenta de que Jodi llevaba los bolsillos llenos de trocitos de papel. Y vio que, a lo largo de varias semanas, los bolsillos de la pequeña iban aumentando de tamaño hasta que los papelitos comenzaron a salirse. Al final, Nina le preguntó qué eran. Jodi metió la mano en un bolsillo y le entregó sus garabatos de diferentes

Cómo se forman
las piedras de granizo

Las gotas de lluvia son empujadas por el viento por encima del punto de congelación, donde giran, se congelan y crecen hasta que pesan lo bastante como para caer a tierra en forma de granizo.

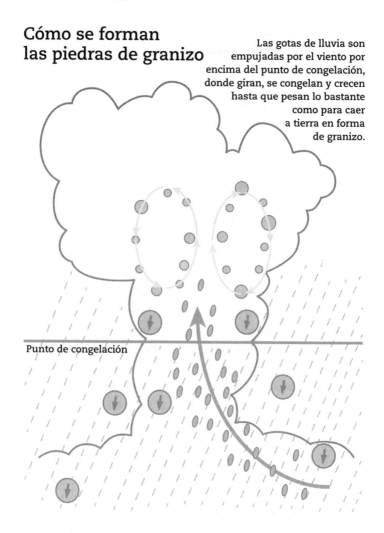

Punto de congelación

patrones que había estado probando. Jodi había estado trabajando diligentemente durante semanas en la conjetura de Collatz, probando patrón tras patrón. Nina reflexionó:

Representaciones visuales de patrones numéricos

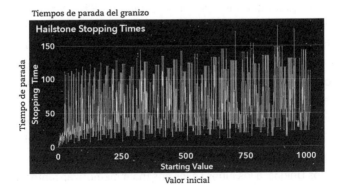

Los alumnos determinan los tiempos de parada de cada número

Jodi conoce el patrón, y está muy orgullosa de ello. Y yo le dije:

—No me importa si no haces los deberes durante el resto del año.
Sigue trabajando en tu secuencia del granizo.

—¡Vaya! Cada vez que aparece el 16, es el mismo patrón —decían muchos niños.

—Así es —les respondía yo.

Jodi se sintió satisfecha, probablemente por primera vez en todos sus años estudiando matemáticas. Así que gracias por eso.

El impacto que tiene la dependencia de nuestro sistema educativo de la memorización, más que del aprendizaje conceptual de las matemáticas, quedó claramente demostrado en un reciente análisis realizado por el equipo del Programa para la Evaluación Internacional de Estudiantes (PISA). El PISA, una prueba de resolución de problemas dirigida por la Organización para la Cooperación y el Desarrollo Económico (OCDE), con sede en París, se realiza cada tres años a jóvenes de quince años de todo el mundo. Hace unos años me pidieron que visitara al equipo de PISA, en París, para ayudarles con los análisis que estaban llevando a cabo.

Me senté a la mesa en mi primera mañana en París, y la primera pregunta que me formuló el equipo de PISA fue: «¿Qué ocurre con los norteamericanos y el número pi?». Se referían al hecho de que en todas las preguntas relacionadas con pi (la relación entre la circunferencia del círculo y su diámetro, un número irracional que comienza con 3,14) los alumnos estadounidenses lo hacían bastante mal, ocupando el último lugar o casi el último lugar en el ranquin mundial. Y tenía una respuesta para ellos.

Tras haberme mudado a Estados Unidos desde Reino Unido, siempre advertí algo curioso en la enseñanza del número pi. En Estados Unidos, a los niños se les enseña a memorizar tantos dígitos como sea posible. Aunque el número se acorta a menudo a 3,14, se extiende infinitamente. Esto lleva a los alumnos estadounidenses a pensar en pi como un «número que sigue para siempre», lo que parece oscurecer su significado real como una relación entre la circunferencia y el diámetro. La relación que representa es realmente dinámica y fascinante, porque sin importar el tamaño del círculo que observemos, la relación entre la circunferencia y su diámetro es siempre la misma.

Hace poco pedí a algunos profesores que preguntasen a sus alumnos acerca del significado de pi, para ver qué respondían. Por supuesto, los profesores me informaron de que todos sus alumnos dijeron que pi era un número muy largo. Nadie mencionó los círculos o la relación entre estos y el número pi. No es de extrañar que, en el PISA, a los estudiantes les haya ido mal en todas las preguntas relacionadas con el círculo. No hay nada malo en divertirse con pi y pedir a los estudiantes que memoricen dígitos (¡o que coman tarta!), pero estas actividades deben ir acompañadas de investigaciones más profundas del círculo.

Durante el año 2012, el equipo de PISA llevó a cabo un análisis no solo de los resultados de las pruebas de los alumnos, sino también de sus estrategias de aprendizaje. Además de las preguntas de matemáticas, el equipo proporcionó a los alumnos un cuestionario, preguntándoles cómo estudiaban. Los enfoques se dividen en tres categorías generales. En el enfoque de la memorización, los alumnos tratan de memorizar todo lo que se les muestra. En el enfoque relacional, relacionan las nuevas ideas con las que ya conocen. Y, en el enfoque de autocontrol, evalúan lo que saben y determinan aquello que necesitan aprender.

En todos los países, los estudiantes que adoptaron el enfoque de la memorización fueron los que obtuvieron los peores resultados, y los países con un alto número de memorizadores −Estados Unidos entre ellos− estaban situados entre los que obtuvieron los peores resultados del mundo.[15] En Francia y Japón, por ejemplo, los alumnos que combinaban las estrategias de autocontrol y las estrategias relacionales superaron, en un promedio de un año de escolarización, a los que recurrían a la memorización. El estudio demostró, a nivel internacional, que adoptar un enfoque del aprendizaje basado en la memorización no propicia un rendimiento elevado, al contrario de lo que ocurre cuando se piensa en conceptos y relaciones.

Como evidencia esta investigación, la enseñanza de las matemáticas en Estados Unidos está muy deteriorada. Aunque las matemáticas sean un hermoso tema de ideas y conexiones que pueden descubrirse de manera conceptual y creativa, los alumnos que asisten a escuelas que tratan las matemáticas como un proceso de memorización de procedimientos, y que valoran a los memorizadores que regurgitan rápidamente lo que han memorizado, alejan de la materia a los pensadores lentos y profundos. Incluso aquellos que tienen éxito en matemáticas desarrollan una relación empobrecida con ellas. Cuando las personas afrontan el conocimiento de manera diferente, se abren las puertas a un mundo nuevo. Aprenden conceptos que están comprimidos en el cerebro y construyen una base sólida de entendimiento. Son capaces de acoger el pensamiento matemático en su kit de herramientas y utilizarlo no solo en la clase de matemáticas, sino en el resto de las asignaturas. Pero, en nuestro sistema actual, tan solo unos pocos alumnos de alto rendimiento aprenden a pensar con flexibilidad y llegan a convertirse en innovadores en diferentes campos.

Profesores como Marc Petrie, de quien he hablado en el capítulo anterior, y Nina Sudnick, mencionada en el presente capítulo, ya eran buenos profesores antes de descubrir las ideas que comparto en este libro, y fueron muchos los alumnos que prosperaron en sus clases. Pero ahora que abordan las matemáticas con profundidad y creatividad y enseñan la importancia del pensamiento profundo, ha aumentado el número de alumnos que tienen éxito en sus clases.

Desarrollar una buena relación con las matemáticas, como dice Bob Moses, uno de los líderes más influyentes del movimiento de derechos civiles en la década de los 1960, es un derecho que abre puertas tanto en la escuela como en la vida. Muchas personas creen que una mayor comprensión y competencia se derivan de un mayor conocimiento y, en ese sentido, consideran que aprender consiste en acumular conocimientos. Sin embargo, la investigación revela que es el pensamiento flexible lo que caracteriza a las personas más eficaces y con mayor rendimiento. El pensamiento creativo y flexible, una forma necesaria y muy valorada de trabajar, se ve de hecho inhibido por la presencia de una mayor cantidad de conocimientos.[16] Por esta razón, cuando los problemas exigen soluciones creativas que implican la observación de patrones y conexiones repentinas, muy a menudo son los profesionales capacitados quienes fracasan, mientras que los profanos tienen éxito.

Adam Grant es autor del libro *Originals: How Non-Conformists Move the World*, en el que argumenta que desde hace mucho tiempo valoramos a los alumnos que siguen las reglas y se dedican a memorizar. También señala que, en Estados Unidos, los alumnos catalogados como «prodigios» −es decir, los que «aprenden a leer a los dos años, interpretan a Bach a los cuatro o calculan a toda velocidad a los seis»− raramente cambian el mundo. Cuando los estudiosos investigan a los individuos más influyentes de la historia, estos casi nunca fueron considerados «superdotados» o «genios» durante su infancia. Los alumnos que más destacan en la escuela casi siempre «aplican sus habilidades extraordinarias de manera ordinaria, dominando sus tareas sin cuestionar los defectos y sin causar problemas». Grant conclu-

188 MENTE SIN LÍMITES

ye lo siguiente: «Aunque dependemos de ellos para que el mundo funcione sin problemas, nos mantienen corriendo en una cinta sin fin».[17] Los que sí cambian el mundo son los pensadores creativos y flexibles, gente que piensa al margen de los parámetros establecidos.

Si bien son muchas las personas que conocen el valor del pensamiento creativo y flexible, no lo asocian con las matemáticas. Por el contrario, creen que, en la asignatura de matemáticas, hay que limitarse a seguir un conjunto de reglas. Sin embargo, combinar las matemáticas con la creatividad, la apertura y el pensamiento espontáneo, resulta maravillosamente liberador. Esto es algo que todos merecemos saber y experimentar y, cuando lo hacemos, ya no volvemos la vista atrás.

Las ventajas del pensamiento profundo y flexible se aplican a todas las cuestiones y ámbitos de la vida. No conocemos los problemas que tendremos que resolver en el futuro, pero es posible que sean problemas con los que ni siquiera hemos soñado. Es poco probable que, atiborrar nuestra mente con información que podamos reproducir a gran velocidad, nos ayude a resolver los problemas futuros; en cambio, parece mucho más útil entrenar nuestra mente para pensar de manera profunda, creativa y flexible. El pensamiento de los «innovadores», cuyo cerebro ha sido objeto de estudio, resulta ser más flexible que el de la gente común. Ellos aprenden a abordar los problemas de diferentes maneras y a no depender tan solo de la memoria. La velocidad y los abordajes inalterables no nos permitirán llegar demasiado lejos. Tanto en el mundo de la educación como fuera de él, debemos desafiar las suposiciones acerca de los beneficios de la velocidad y la memorización y, en su lugar, centrarnos en el aprendizaje flexible y creativo. Esto nos ayudará a desbloquear nuestro propio potencial de aprendizaje, así como el de otras personas.

Capítulo 6
UN ABORDAJE ILIMITADO DE LA COLABORACIÓN

LAS PRIMERAS CINCO CLAVES que ayudan a desbloquear el alcance ilimitado de nuestro potencial para aprender —y vivir— se basan en el conocimiento de las siguientes ideas:

- Plasticidad y crecimiento cerebral.
- Impacto positivo sobre nuestro cerebro de los desafíos y errores.
- Creencias y mentalidades.
- Enfoque multidimensional de los contenidos para aumentar la conectividad cerebral.
- Pensamiento flexible.

Todas estas claves pueden desbloquear a las personas y, en ocasiones, una sola de ellas resulta enormemente liberadora. Si creemos que no podemos aprender en un área en particular o que solo los pensadores rápidos son capaces de ello, por ejemplo, entonces cuestionar estas ideas puede liberarnos para seguir el camino que hayamos elegido. En este capítulo, compartiré una sexta clave que, si bien sirve para desbloquear a las personas, también puede ser la consecuencia de que ya estemos bloqueados. Esta clave consiste en conectar con gente y con múltiples ideas. Las conexiones y colaboraciones tienen mucho que ofrecernos tanto en la vida como en el proceso de aprendizaje.

> CLAVE DE APRENDIZAJE 6
> Conectar con personas y con ideas mejora
> el aprendizaje y los circuitos neuronales.

¿POR QUÉ ES IMPORTANTE LA COLABORACIÓN?

A lo largo de mi vida, me he encontrado un pequeño número de situaciones fascinantes —algunas propiciadas por la investigación y otras por la experiencia personal— en las que la colaboración y la conexión dieron lugar a sorprendentes resultados. Algunas de esas situaciones estaban relacionadas con el aprendizaje, otras con la búsqueda de la igualdad y otras con el progreso de las ideas, incluso ante una fuerte oposición. Pero todos estos casos arrojan luz sobre algo que también nos revela la neurociencia, esto es, que conectar con las ideas de otras personas produce múltiples beneficios para nuestro cerebro y nuestra vida.

Uri Treisman, matemático de la Universidad de Texas, en Austin, enseñaba antes en la Universidad de California, Berkeley. Mientras Uri estaba en Berkeley, se percató de que el 60% de los alumnos afroamericanos que estudiaban cálculo faltaban a clase, lo que hacía que muchos terminasen abandonando la universidad. Uri comenzó a recabar más datos entre los universitarios y comprobó que ningún estudiante chinoamericano fracasaba en cálculo, así que se planteó la siguiente pregunta: ¿cuál es la diferencia entre estos dos grupos culturales que parece causar esa discrepancia?

Al principio, Uri preguntó a otros profesores de matemáticas sobre cuál creían que era la causa. Se les ocurrieron una serie de razones: quizá los estudiantes afroamericanos habían accedido a la universidad con calificaciones más bajas en matemáticas o con una formación matemática insuficiente, o tal vez procedían de hogares con más dificultades económicas. Pero ninguno de los motivos sugeridos era el correcto. Lo que Uri descubrió, al investigar cómo los estudiantes llevaban a cabo sus tareas, fue que había una diferencia entre ellos: los estudiantes afroamericanos trabajaban solos en los problemas de matemáticas, mientras que los chinoamericanos lo hacían en colaboración, trabajando en su habitación y en el comedor en los problemas matemáticos que se les asignaban y abordándolos de manera conjunta. Por el contrario, los alumnos afroamericanos trabajaban solos en su cuarto y, cuando tenían problemas, decidían que «las matemáticas no eran para ellos», y se daban por vencidos.

Uri y su equipo organizaron talleres para los estudiantes más vulnerables, incluyendo a los estudiantes negros. Ellos crearon lo que Uri describe como un «ambiente académico desafiante y, a la vez, de apoyo emocional».[1] En esos talleres, los alumnos trabajaban de manera colaborativa en problemas matemáticos, considerando en forma conjunta lo que se requería para alcanzar la excelencia en diferentes problemas. La mejoría académica resultante fue muy importante. En el plazo de dos años, la tasa de fracaso de los estudiantes afroamericanos no solo se redujo a cero, sino que tanto ellos como los alumnos latinos que asistieron a los talleres superaron a sus compañeros de clase blancos y asiáticos. Este fue un resultado impresionante, por lo que Uri también ha mantenido este enfoque en Austin. Su método ha sido utilizado en más de doscientas instituciones de educación superior. Al reflexionar sobre esta experiencia, Uri escribe:

En nuestra orientación, pudimos convencer a los alumnos de que el éxito en la universidad requería que trabajasen con sus compañeros, para crear una comunidad basada en intereses intelectuales compartidos y en objetivos profesionales comunes. Sin embargo, costó un poco más de trabajo enseñarles a trabajar juntos. Después de eso, se trató de una pedagogía bastante más sencilla.[2]

El hecho de que, tras haber pasado trece años en la escuela, costase un cierto esfuerzo enseñar a los alumnos a colaborar entre ellos, nos dice mucho acerca de las carencias de nuestro sistema educativo, donde el patrón generalizado es que los profesores se dediquen exclusivamente a enseñar y los alumnos trabajen solos en los problemas. El equipo que dirigía los talleres tenía razón al señalar que, para alcanzar el éxito en la universidad, se requiere trabajar con los demás y establecer buenas conexiones. Aunque son muchas las personas que lo saben, siguen sin apreciar el papel de la colaboración en el proceso de aprendizaje. Pero, cuando Uri y su equipo animaron a los alumnos a trabajar juntos, cambió la trayectoria de estos y tuvieron éxito en el estudio de las matemáticas. Y, si bien esta historia de éxito universitario tiene que ver con el estudio del cálculo, podríamos aplicarla a cualquier otra materia y obtener resultados similares.

Parte del motivo por el que los alumnos abandonan sus estudios es porque, al encontrar dificultades, creen que deben afrontarlas solos. Pero, cuando los alumnos trabajan juntos y descubren que todo el mundo experimenta dificultades al realizar parte o la totalidad de la tarea, tiene lugar un cambio importante. Es este un momento crítico para ellos que les ayuda a saber que el aprendizaje es un proceso y que los obstáculos son comunes para todas las personas.

Otra razón por la que cambian los itinerarios de aprendizaje de los alumnos es la oportunidad de conectar ideas. Conectar con la idea de otra persona exige un nivel elevado de comprensión, pero también ayuda a desarrollarlo. Cuando los alumnos trabajan juntos (aprendiendo matemáticas, ciencias, idiomas, inglés o cualquier otra materia), tienen la oportunidad de conectar con ideas diferentes, lo cual es intrínsecamente valioso para ellos.

Un hallazgo igualmente notable proviene de los resultados de un programa de exámenes a gran escala. En el año 2012, las evaluaciones de PISA (que, como ya hemos mencionado, son pruebas internacionales realizadas a jóvenes de quince años en todo el mundo,) evidenciaron que, en 38 países, los chicos alcanzaron puntuaciones más altas que las chicas en matemáticas.[3] Este resultado era decepcionante, a la par que sorprendente. En Estados Unidos y en la mayoría de los otros países, chicas y chicos tienen el mismo rendimiento escolar. Esto me recordó una vez más la forma en que los exámenes distorsionan lo que los alumnos realmente saben y pueden hacer.

Esto se puso de relieve cuando el equipo de PISA publicó un informe que mostraba que, si en el análisis se tenía en cuenta el factor de la ansiedad, la diferencia de rendimiento entre chicas y chicos se explicaba en términos generales porque tenían menos confianza en sí mismas.[4] Así pues, lo que parecía ser una diferencia de género en el rendimiento matemático era, de hecho, una diferencia en los niveles de confianza respecto de las matemáticas. Las chicas se sentían más ansiosas cuando realizaban los exámenes individuales de matemáticas, un fenómeno bien documentado[5] que debería hacer que cualquier educador dejase de basar sus decisiones en el rendimiento durante los exámenes.

El impacto de las diferentes condiciones de los exámenes, así como el potencial de la colaboración para mitigar las desigualdades, también se puso de relieve en otra evaluación realizada por el equipo PISA. Además del habitual examen individual de matemáticas, llevaron a cabo una evaluación de la resolución colaborativa de problemas. En dicha evaluación, los alumnos no colaboraban con otros estudiantes, sino con un agente de *software*, recibiendo ideas del programa, conectando con ellas y utilizándolas para resolver problemas complejos.[6] Esto, en mi opinión, mide algo mucho más valioso que los resultados obtenidos por cada alumno en un examen individual de matemáticas. En lugar de reproducir el conocimiento de cada uno, lo que se les pide a los alumnos es que tengan en cuenta las ideas de otras personas y que trabajen con ellas para resolver un problema complejo, lo cual también es muy adecuado para el entorno laboral para el que los alumnos están siendo preparados.

En la prueba de resolución colaborativa de problemas, administrada en 51 países, las chicas superaron a los chicos en todos los países. Este notable resultado se vio acompañado por otros dos factores: no hubo diferencias significativas en los resultados entre los alumnos aventajados y los desfavorecidos, un hallazgo raro e importante. Asimismo, en el caso de algunos países, la diversidad impulsaba el rendimiento. El equipo constató que, en esos países, los alumnos «no inmigrantes» alcanzaban niveles más altos cuando estaban en escuelas con un mayor número de alumnos «inmigrantes», un resultado fantástico que sugiere que, en la comunidad de alumnos, la diversidad hace que prospere la colaboración entre ellos.

Los resultados de la evaluación de PISA sobre la resolución colaborativa de problemas arrojan luz sobre la búsqueda de la equidad, revelando también la naturaleza discriminatoria de las pruebas individuales, algo que comprende perfectamente cualquier persona a la que los exámenes de alto impacto le generan ansiedad. ¿Qué significa que, en el caso de las chicas, la colaboración, incluso con un agente de *software*, incremente su nivel de confianza y haga que alcancen calificaciones más altas? Del mismo modo, ¿por qué motivo, cuando colaboran entre sí, los alumnos afroamericanos pasan de fracasar en el cálculo a superar a otros estudiantes, antes más exitosos? Esta investigación revela el potencial de la colaboración, no solo para las chicas o para los alumnos negros, sino para todos los que tratan de aprender y pensar. Cuando conectamos con las ideas de otras personas, mejoramos nuestro cerebro, nuestra comprensión y nuestra perspectiva.

Los neurocientíficos, por su parte, también son conscientes de la importancia de la colaboración. La investigación evidencia que, cuando las personas colaboran entre sí, se activan la corteza orbitofrontal medial y la red frontoparietal: esta última ayuda al desarrollo de las funciones ejecutivas.[7] Los neurocientíficos se refieren a estas regiones cerebrales como el «cerebro social». Cuando colaboramos, nuestro cerebro se ocupa de la compleja tarea de dar sentido al pensamiento de los demás y de aprender a interactuar con ellos. La cognición social es el tema de buena parte de la investigación neurocientífica actual.

La colaboración es vital para el aprendizaje, para el éxito en la universidad, para el desarrollo del cerebro y para generar resultados equitativos. Pero, más allá de todo esto, también es beneficioso establecer conexiones interpersonales, especialmente en tiempos de conflicto y necesidad.

Victor y Mildred Goertzel estudiaron a 700 individuos que han efectuado grandes contribuciones a la sociedad, seleccionando a aquellos que habían sido objeto de, por lo menos, dos biografías, como Marie Curie y Henry Ford, por ejemplo. Y, entre las cosas sorprendentes que descubrieron, cabe decir que menos del 15% de las mujeres y los hombres famosos habían sido criados en familias que los apoyaban; el 75% creció en familias con problemas severos como «pobreza, abuso, padres ausentes, alcoholismo, enfermedades graves» y otras dificultades importantes.[8] Esta investigación se llevó a cabo en la década de los 1960. Por su parte, la psicóloga clínica Meg Jay, en su interesante artículo del *Wall Street Journal* sobre la resiliencia, informa de que hoy en día se encontrarían resultados similares y cita a Oprah Winfrey, Howard Schultz y LeBron James como ejemplos de personas que crecieron en condiciones de extrema dificultad.[9]

Jay ha investigado la resiliencia durante muchos años y señala que, si el desempeño de las personas que sobreviven a las dificultades a menudo es mejor, no es porque lo hayan «recuperado» −como creen algunos−, pues el proceso de restablecimiento lleva tiempo, sino que se trata más de una lucha que de una recuperación. También explica que aquellos que en última instancia se benefician de las dificultades se vuelven más fuertes y resilientes porque mantienen la confianza en sí mismos, «cuentan con un luchador interno» y conectan con otras personas. Lo que tienen en común los individuos que superan las dificultades sin ser vencidos por ellas es que en momentos de necesidad todos se acercan a alguien −un amigo, un miembro de la familia o un colega− y esa conexión les ayuda a sobrevivir y a ser más fuertes.

DOS EJEMPLOS SOBRE EL PODER DE LA COLABORACIÓN

Yo misma he sido víctima de un comportamiento intimidatorio y fui capaz de superarlo gracias a la colaboración. La intimidación comenzó cuando me mudé a Stanford desde el King's College de Londres. Acababa de concluir mi doctorado y había realizado un estudio muy cuidadoso y pormenorizado en dos escuelas que, si bien tenían poblaciones de alumnos demográficamente similares, enseñaban matemáticas de manera muy distinta. El estudio obtuvo el premio de ese año a la mejor tesis doctoral de pedagogía en el Reino Unido. Asimismo, también ganó un premio al mejor libro sobre educación.

Decidí efectuar, durante tres años, el seguimiento de un ciclo académico completo de los alumnos, desde que tenían trece años hasta los dieciséis. Realicé más de 300 horas de observación de las lecciones, supervisando su trabajo en matemáticas. Entrevisté a profesores y alumnos cada año durante los tres años que duró el estudio. Y también propuse a los alumnos problemas de matemáticas aplicadas en forma de evaluaciones y analicé cuidadosamente sus calificaciones y sus abordajes de las preguntas del examen nacional del Reino Unido. Los resultados, sumamente esclarecedores, fueron publicados en revistas de toda Inglaterra. En la escuela que enseñaba mediante métodos tradicionales, utilizados por la mayoría de las escuelas de Inglaterra (así como en Estados Unidos y en muchos otros países del mundo), donde un profesor explica los métodos y los alumnos responden a las preguntas con los libros de texto cerrados, a los alumnos no les gustaban las matemáticas y obtenían una puntuación significativamente más baja en el examen nacional que los estudiantes que aprendían matemáticas mediante proyectos abiertos y adaptados.[10]

En la escuela que enseñaba mediante proyectos, la mayoría de los cuales requerían algunas lecciones para completarse y exigían utilizar y aplicar los métodos de diferentes maneras, los alumnos disfrutaron más de las matemáticas y obtuvieron puntuaciones significativamente más altas en el examen nacional.[11] Los alumnos de la escuela basada en proyectos superaron a los que aprendían tradicionalmente, ya que abordaban cada problema como una oportunidad para pensar y aplicar diversos métodos, mientras que quienes se enfocaban de manera tradicional en los problemas, lo hacían tratando de recuperar la información de la memoria. Además, el enfoque tradicional contribuía a mantener las desigualdades entre chicas y chicos y entre alumnos de diferentes clases sociales. Sin embargo, las desigualdades que se percibían cuando los alumnos comenzaron en la escuela basada en proyectos se vieron paulatinamente eliminadas a lo largo de los tres años que duró el estudio.

En un estudio de seguimiento, trabajé con un grupo de alumnos de cada escuela, ahora adultos de unos veinticuatro años de edad, que habían obtenido calificaciones equivalentes en el examen nacional. Ese estudio puso en evidencia que los que asistieron a la escuela basada en proyectos desempeñaban trabajos más profesionales y mejor remunerados.[12] Esos adultos señalaron que utilizaban el enfoque de las matemáticas que habían adquirido en la escuela para formular preguntas sobre el trabajo, aplicar y adaptar los métodos y ser más proactivos a la hora de cambiar de trabajo en el caso de que no les gustase, o bien para solicitar ascensos. Por su parte, los adultos educados en la escuela tradicional dijeron que nunca utilizaban las matemáticas que habían aprendido en la escuela y parecían adoptar en su vida el enfoque pasivo que se les exigía en su vida escolar.

Cuando presenté los resultados del estudio en una conferencia en Atenas, Grecia, en el verano posterior a la conclusión de mi tesis doctoral, el decano de la Facultad de Pedagogía de Stanford y el presidente del comité de investigación de matemáticas se pusieron en contacto conmigo. Ambos habían estado presentes entre el público y me dijeron que estaban buscando un nuevo profesor de matemáticas y que considerase la opción de trabajar en Stanford. En ese momento, estaba muy satisfecha con mi trabajo de investigación y docencia en el King's College y les respondí que no estaba interesada. Pero, durante los meses siguientes, me enviaron libros ilustrados de California y me convencieron de que acudiese a una entrevista, para conocer Stanford y California. Sabían lo que hacían porque, cuando finalmente accedí a pasar unos días en la costa californiana, quedé encantada. Posteriormente, ese mismo año, me mudé a Stanford.

A los pocos meses de instalarme allí, recibí un correo electrónico de James Milgram, del Departamento de Matemáticas, diciéndome que quería reunirse conmigo. No sabía mucho de él y accedí a visitarlo en su despacho. Fue un encuentro perturbador, durante el cual me dijo que los profesores en Estados Unidos no entienden las matemáticas y que sería contraproducente para mí publicar las evidencias de mi investigación en este país. Yo, por supuesto, rechacé esa idea, pero él no estaba interesado. Salí de aquella reunión conmocionada, si bien esa reunión palideció en importancia en comparación con lo que vino después.

En los años siguientes, recibí un premio presidencial de la National Science Foundation, otorgado a personas consideradas como los investigadores más prometedores en las disciplinas STEM. Esto me procuró financiación para efectuar un estudio estadounidense similar al que llevé a cabo en el Reino Unido. En el nuevo estudio, un equipo de estudiantes de posgrado y yo efectuamos un seguimiento de aproximadamente 700 alumnos durante cuatro años en tres institutos de secundaria que aplicaba distintos enfoques de enseñanza.

El estudio arrojó resultados similares a los del Reino Unido. Los alumnos que estudiaban matemáticas de forma activa, utilizando y aplicando diferentes métodos para resolver problemas complejos, alcanzaron niveles significativamente más altos que aquellos que se limitaban a reproducir los métodos enseñados por el profesor. Asimismo, también desarrollaban ideas muy diferentes sobre las matemáticas, de forma que quienes aprendían de manera más activa estaban diez veces más dispuestos a continuar con las matemáticas más allá de la educación secundaria.[13] Por su parte, los que estudiaban matemáticas pasivamente, observando el trabajo del profesor en la resolución de problemas —incluidos los alumnos de alto rendimiento—, nos dijeron que estaban deseosos de abandonar el estudio de las matemáticas y labrarse un futuro que no incluyese más asignaturas de ese tipo.

Cuando los resultados de este estudio empezaron a publicarse, Milgram me acusó de mala fe científica. Esta es una acusación muy seria que Stanford tuvo que investigar por imperativo legal y que podría haber puesto fin a mi carrera. Me pidieron que le entregara a un grupo de profesores de Stanford todos los datos que habíamos recopilado durante los últimos cuatro o cinco años. Stanford investigó la reclamación de Milgram, sin encontrar pruebas de que hubiese motivo alguno para cuestionar nuestros resultados, y ahí concluyó la investigación. Pero Milgram no se dio por satisfecho y su siguiente paso fue escribir una colección de mentiras y publicarlas en internet. Al principio, siguiendo el consejo de Stanford, lo ignoré. Sin embargo, aunque los acontecimientos hicieron poca mella en mí, decidí volver a Inglaterra.

Me habían concedido una prestigiosa beca Marie Curie, que financió mi trabajo durante los siguientes tres años en la Universidad de Sussex. Esperaba que el nuevo entorno ayudase a difuminar los recuerdos de los últimos meses y a proporcionar a mis dos hijas (de seis meses y cuatro años) un buen lugar para crecer. Pero, en los siguientes tres años, me di cuenta de que la gente leía y creía las afirmaciones de Milgram.

Milgram no estaba solo en su misión de frenar las reformas de las matemáticas en la educación, sino que sus colaboradores también escribieron mentiras sobre mí en varios sitios web, diciendo que yo inventaba datos y que las escuelas objeto de mi estudio en el Reino Unido «solo existían en mi imaginación». En un sitio que ellos pensaban que era privado, accesible solo a la gente que trataba de frenar las reformas, uno de ellos escribió: «Este es el peor escenario posible, un investigador universitario con datos». El profesor que había sido mi asesor de doctorado, Paul Black, un científico extraordinario que fue ordenado caballero debido a su labor educativa, estaba horrorizado por los ataques de los profesores estadounidenses y les escribió, pero eso tampoco supuso ninguna diferencia.

La Facultad de Pedagogía de Stanford me pedía regularmente que volviera a mi puesto allí, que seguía sin ser cubierto, y un frío día de febrero, tres años después de haber dejado California, empecé a sopesar de nuevo la idea. Había luchado con una lluvia torrencial aquella oscura mañana para llevar a mis hijas a la escuela primaria local. Cuando regresé a casa, me sequé y abrí mi ordenador portátil, me encontré un correo de uno de mis antiguos colegas en Stanford, pidiéndome de nuevo que volviese. Tal vez fue el frío o la lluvia, no estoy segura, pero por primera vez pensé: «Quizá debería volver». Al mismo tiempo, me prometí a mí misma que solo volvería si hacía todo lo posible para poner fin a la campaña de calumnias orquestada en mi contra.

Al cabo de unos meses, ya había vuelto a mi puesto en Stanford. Mucha gente asumió que el traslado se debía a que quería cambiar el clima gris del Reino Unido por el cielo azul y soleado de California. Y tal vez en parte fuese ese motivo, pero lo que realmente echaba de menos de California en particular y de Estados Unidos en general era la calidez de la gente. Durante mis años en Estados Unidos, muchos profesores me habían hecho sentir que mi trabajo les había ayudado realmente.

Por fortuna, la Facultad de Pedagogía de Stanford había nombrado a un nuevo decano, un hombre asombroso llamado Claude Steele, que fue pionero en el estudio sobre las amenazas basadas en estereotipos. Él analizó los detalles de lo que Milgram y sus amigos habían escrito sobre mí y otros comentarios. En un artículo en prensa, uno de los coautores de Milgram, Wayne Bishop, se refería a los alumnos afroamericanos como «negritos». Claude reconoció inmediatamente el tipo de gente con la que estábamos tratando y, juntos, decidimos adoptar una estrategia bastante sencilla: hicimos un plan para que yo escribiese acerca de los detalles de su difamación e intimidación y lo publicase.

Recuerdo claramente una noche de viernes. Los otros profesores de pedagogía se habían reunido para celebrar una fiesta, pero yo me quedé en casa e hice clic en el botón que hizo pública mi nueva página web, en la que detallaba el comportamiento intimidatorio de aquellos hombres.[14] Fue a partir de entonces que todo cambió. Esa misma noche también me di de alta en Twitter y subí mi primera publicación relacionada con los detalles de las amenazas académicas de que había sido objeto. Se extendió como un reguero de pólvora y, durante el fin de semana, mi página web fue la noticia más twitteada sobre educación. En el plazo de cuarenta y ocho horas me contactaron periodistas de todo Estados Unidos, quienes publicaron artículos con todo lujo de detalles.

Pero entonces ocurrió algo más. Empecé a recibir correos de otras profesoras y científicas. A los pocos días, tenía alrededor de cien correos, todos ellos solidarios y la mayoría procedentes de otras mujeres que detallaban historias de comportamiento intimidatorio por parte de hombres en las universidades. La acumulación de esos correos constituía una clara acusación hacia la cultura universitaria imperante y una señal de que aún estábamos lejos de alcanzar la igualdad de género en la educación superior. Estoy segura de que todos los que lean este libro habrán pensado que, en el año 2013, los departamentos universitarios no seguían discriminando a las mujeres, pero al leer aquellos correos quedó claro que seguía habiendo muchos hombres en posiciones de poder que no creían que las materias STEM fuesen para mujeres. Probablemente, ni siquiera se percataban del alcance de sus ideas discriminatorias y se sorprendieron cuando hice esa denuncia, pero sus intentos de menospreciar el trabajo de las mujeres, detallados en los correos que leí, ponían de manifiesto claramente la discriminación.

Antes de publicar los detalles de la conducta abusiva y discriminatoria por parte de aquellos hombres, yo había intentado protegerme construyendo lo que ahora me parecen muros internos alrededor de mis pensamientos y sentimientos, tratando de evitar pensar en el comportamiento de esos hombres o incluso de escuchar sus nombres. La recomendación de Stanford fue, como ya he dicho, que no hablase con nadie de las acusaciones de Milgram. Sin embargo, al seguir ese consejo, también me aparté de los colegas y amigos (¡y de los abogados!) que podrían haberme ayudado.

A medida que pasaron las semanas y los meses, y una vez conocidos los detalles de su abuso, empecé a sentir lo que solo puedo describir como afecto: el afecto expresado por el apoyo de decenas de miles de profesores, matemáticos, científicos y otras personas. Los muros que había construido en mi interior comenzaron a demolerse y empecé a abrirme. Transcurridos unos meses, estaba impartiendo una conferencia magistral a otros especialistas en enseñanza de las matemáticas. Entonces, uno tras otro, se levantaron para detallar los ataques a su trabajo por parte de aquellos mismos hombres. Supe entonces que los hombres que contrataban a profesores para estudios de investigación despedían y señalaban a los investigadores que, como yo, estudiaban formas de hacer que la enseñanza y el aprendizaje de las matemáticas fuesen más paritarios. Algunos de los presentes dijeron que el campo de la educación matemática necesitaba personas que se enfrentasen a los intimidadores; querían que alguien liderase el camino y me dieron las gracias por ello.

En los meses y años posteriores, seguí recibiendo gran cantidad de apoyos. También me di cuenta cada vez más de la magnitud del comportamiento agresivo de aquellos hombres. Los hombres implicados habían hecho campaña en distritos de todo el país para frenar cualquier cambio en la enseñanza de las matemáticas, amenazando a profesores, a responsables de distrito y a padres. Al mismo tiempo, estábamos entrando en una nueva era en la educación, con iniciativas dirigidas por el presidente Obama y una mayor conciencia de que era imprescindible un cambio.

Una vez superado el trauma provocado por esos ataques, me sentí inspirada para compartir la evidencia de manera más amplia en cursos *online* y en youcubed. En el momento en que escribo estas palabras, han pasado más de seis años desde la noche en que denuncié aquel comportamiento intimidatorio. Durante todo ese tiempo hemos tenido millones de visitas, descargas y seguidores, y aproximadamente la mitad de las escuelas en Estados Unidos utilizan nuestras lecciones y nuestros materiales. Irónicamente, parte de la razón por la que tenemos tantos seguidores es porque la gente vio que me enfrenté a aquellos hombres. Mis amigos a menudo me dicen que debería enviar flores a Milgram, puesto que contribuyó a que mi investigación sobre la enseñanza igualitaria de las matemáticas llegara a muchas más personas.

Compartir la historia de los ataques a mi trabajo e integridad inició un proceso de conexión que fue, para mí, transformador. Antes de hacerlo público, yo había portado sola la carga de los ataques, pero después la gente empezó a acercarse a mí. El apoyo de otras personas provocó un notable cambio en mí. Tal vez soy más consciente de ese cambio porque fui herida tan gravemente, me cerré en mí misma y luego atravesé un periodo de transición. La frase «Lo que no te mata te hace más fuerte» me parece muy acertada a este respecto, ya que desarrollé una fuerza que sé que proviene de la superación de aquellos ataques.

Las relaciones que establecí a lo largo del proceso de compartir mi historia y mi experiencia no solo me ayudaron a mí, sino también a las personas con las que conecté. En lugar de cerrarme en mí misma, la conexión con los demás me permitió aprender a desbloquearme y abrirme.

Los intimidadores siguen acosándome, especialmente los que se escudan en el anonimato y la distancia de los medios de comunicación social. Creen que pueden proferir insultos y escribir palabras abusivas contra una mujer que trabaja para mejorar la educación, pero ahora soy una persona mucho más fuerte. Una idea a la que me aferro cuando leo sobre ataques de este tipo es la siguiente: «Si no recibes presiones, probablemente es porque no inquietas lo suficiente».

La educación es un sistema en el que necesitamos desafiar el *status quo* porque este ha fracasado en muchos aspectos. Así pues, cuando ofrezco alternativas a lo que siempre se ha asumido como lo mejor, y la gente empieza a ser agresiva conmigo, soy capaz de ignorar su actitud, sabiendo que me atacan porque lo que sugiero les afecta de alguna manera. He aprendido a abordar las reacciones agresivas de otro modo; en lugar de permitir que me depriman o que me hagan dudar de mí misma, las veo ahora como oportunidades.

Este es un valioso cambio de mentalidad. Si tratamos de llevar a cabo cambios fructíferos o de aportar alguna innovación, ya sea en los estudios o en el lugar de trabajo, y la gente se vuelve agresiva o nos ridiculiza, debemos ver sus críticas como la señal de que estamos haciendo las cosas bien. El rechazo es una señal positiva; significa que las ideas que molestan a determinadas personas son poderosas. El empresario de espectáculos Phineas T. Barnum, fundador del Barnum & Bailey Circus (y también el tema de la película *El gran showman*, protagonizada por Hugh Jackman), dijo en cierta ocasión: «¿Quién ha cambiado algo siendo como los demás?».

Me encanta esta reflexión. Me ayuda a ser consciente de que, si bien las innovaciones nunca son fáciles de aceptar por algunas personas, son muy importantes. Las ideas más difíciles de admitir son aquellas que van en contra del *status quo* de ciertos individuos, pudiendo ser las más importantes de todas. Cuando enseño sobre nuevos métodos de aprendizaje basados en la evidencia de la neuroplasticidad, les digo a mis oyentes que ellos también pueden experimentar rechazo cuando compartan con otras personas las nuevas evidencias. La gente está tan imbuida de la creencia de que la inteligencia y la capacidad de aprendizaje están genéticamente determinadas que se oponen a cualquier idea que lo contradiga, en especial si son ellos los que se benefician de esta firme creencia. La conducta agresiva que experimenté y sigo experimentando no solo me hace más fuerte, sino que también me ayuda a difundir importantes evidencias y conceptos derivados de la investigación, lo cual es algo que hay que tener muy en cuenta.

Cuando me preguntan cómo afronté el abuso que padecí durante tantos años —abuso que atacó mi integridad y mi valor como investigadora y como persona–, tengo muy claro que hubo una acción que supuso una gran diferencia en mi caso. Y fue el hecho de compartir mi experiencia con otras personas y la increíble respuesta de los educadores y científicos de todo el mundo que se pusieron en contacto conmigo. Fueron las conexiones con la gente –algunas de ellas personales y muchas a través de internet– las que sanaron las heridas que yo trataba de ocultar. Si la gente me pregunta qué deben hacer cuando reciben ataques por su trabajo, siempre les sugiero que busquen a otras personas con las que conectar. Hacer esto *online* no funciona en todos los casos, aunque esa vía es, sin duda, más accesible ahora que en el pasado. Para algunos, lo mejor es comunicárselo a un colega o familiar. Sin embargo, con independencia de lo que hagamos, la conexión con los demás será sumamente provechosa.

Antes de pasar a la cuestión de cómo nosotros –padres, educadores y administradores– podemos fomentar un abordaje sin límites de la conexión y la colaboración, me gustaría relatar otra historia de colaboración, originada en un instituto de secundaria, que ahora se ha convertido en un movimiento global.

Shane recién iniciaba su educación secundaria cuando llegó a tocar fondo. Acababa de empezar en un típico instituto estadounidense con grandes expectativas sobre su experiencia allí, cuando, en cuestión de semanas, afirmó que era la «experiencia más solitaria que había tenido nunca». En un vídeo impactante que ya ha recibido decenas de miles de visitas,[15] Shane describe cómo se siente un extraño, alguien que está fuera de lugar. Fue este profundo sentimiento de vacío lo que le llevó a concertar una entrevista con su orientador académico. Shane accedió a ello porque pensaba que promovería su traslado a otro instituto.

En cambio, salió de aquella reunión con la recomendación de unirse a cinco grupos diferentes en el instituto. Shane se mostró reticente al principio, pero se unió a esos grupos y percibió que algunas cosas empezaban a cambiar. Ahora había personas a las que saludaba en los pasillos y, cuanto más se implicaba en la vida académica, más parte de la comunidad educativa se sentía. Shane descubrió que, cuanto más hacía, mejor se percibía consigo mismo; cuanto más se implicaba, más «conectado, estimulado y motivado» se sentía. En la actualidad, dice que se sentía como un extraño porque era eso; lo único que cambió fue que se incluyó a sí mismo, y eso lo transformó todo. Fue un cambio tan poderoso que Shane se sintió inspirado a compartir su experiencia con otros y a iniciar lo que hoy en día es un movimiento global: ayudar a los jóvenes a conectar de manera personal con los demás.

Al principio, Shane tuvo la idea de celebrar una asamblea en su instituto para ayudar a otros alumnos a saber lo que ocurre cuando conectan con otras personas y luego encauzarlos a grupos de su interés. Aunque esperaba que acudiesen unos 50 estudiantes, se corrió la voz y 400 alumnos de siete institutos diferentes asistieron a la asamblea. Al año siguiente, ese número creció a mil, y el número ha seguido aumentando cada año. Shane inició el movimiento «Count Me In», que en la actualidad ha llegado a más de diez millones de personas, con programas de conferencias en los que han participado estudiantes de más de cien países. Cuando entrevisté a Shane para este libro, subrayó los desafíos a los que se enfrentan los jóvenes de hoy en día para forjar conexiones significativas:

> Según mi criterio, los adolescentes en el presente lo tienen mucho más difícil que cualquier otra generación. No solo se enfrentan a los mismos problemas que han aquejado a los jóvenes de las generaciones pasadas, sino también a temas como la presión de los compañeros, el acoso escolar y el aislamiento social, que pueden ser muy

perjudiciales para su educación y su trayectoria vital. Estos son, en la actualidad, problemas a tiempo completo para los jóvenes, debido a la tecnología y los móviles y a la gran cantidad de tiempo que pasan conectados a internet, pero desconectados de la realidad y de la comunidad. Las conexiones comunitarias son, en mi opinión, la clave para forjar cualquier cosa, para contemplar el mundo de una manera lo suficientemente diferente como para empezar a experimentar un sentimiento más grande de pertenencia y de aceptación de uno mismo.

Shane plantea un punto crucial, y su movimiento para generar una mayor conexión entre los jóvenes sirve a un propósito muy necesario, tal como declaró en nuestra entrevista:

> Cuanto más nos implicamos y participamos en la comunidad, más conectados nos sentimos y vemos las cosas de manera diferente, más poderosa se torna esa perspectiva y más fáciles se vuelven las cosas. En mi caso, el auténtico momento decisivo que puedo señalar es cuando empecé a comprender que mi vida es más grande que este momento, sin importar lo que ocurra, ni la oscuridad o desesperación que sienta internamente. De hecho, sé con absoluta convicción y certeza que mi vida es más grande que lo que me sucede en este momento y en cualquier otro.

El movimiento de Shane ha sido muy útil para los jóvenes que se sienten aislados, que atraviesan momentos difíciles en casa, o que se enfrentan a cualquiera de los innumerables problemas que afectan a la juventud. En su opinión, la principal respuesta que diferencia a los que cambian positivamente de quienes no lo consiguen es su perspectiva o su mentalidad. El movimiento de Shane es también un valioso recordatorio de que incluso −o quizá especialmente– en un mundo de conexiones *online*, las conexiones humanas genuinas son algo necesario para todo el mundo, capaz de cambiar la vida de las personas. Shane ha descubierto que ayudan a los jóvenes a saber que su vida es más grande que las experiencias que afrontan y que, sin importar lo difícil que sea la situación, conectar con la gente te saca de ella.

UN ABORDAJE ILIMITADO DE LAS CONEXIONES Y LA COLABORACIÓN

He aportado estudios y ejemplos de situaciones en las que la colaboración ha cambiado completamente el rendimiento de los alumnos y la vida de las personas en general. Pero ¿qué tienen que ver estas ideas con las claves que he presentado en este libro sobre el crecimiento cerebral, la lucha y la multidimensionalidad, por ejemplo? Mi trabajo de los últimos años y las entrevistas que he realizado me muestran que existe un modo diferente –un modo ilimitado– de colaborar y conectar, y que, cuando enseñamos este tipo de enfoque al alumnado y a otras personas, constatan que las conexiones, las reuniones y el trabajo en grupo son muchísimo más productivos, agradables y creativos. En el resto de este capítulo, analizaremos el enfoque ilimitado de la colaboración, así como algunas estrategias para aplicarlo en el aula, el hogar y el entorno laboral.

Los docentes saben que el trabajo en grupo puede ser muy duro, sobre todo cuando los alumnos tienen ideas negativas sobre el potencial de los demás y hay diferencias de estatus. Para los educadores que conocen la importancia de que los alumnos hablen entre sí y conecten con las ideas de los otros, esto plantea un dilema. Los padres afrontan dificultades similares cuando ven que, en lugar de compartir sus pensamientos e ideas de manera productiva, los hermanos no interactúan bien y tienen conflictos. La diferencia entre las interacciones positivas y las negativas depende con frecuencia de tres factores que profesores, padres y gestores pueden promover: (1) abrir la mente, (2) abrir los contenidos y (3) aceptar la incertidumbre.

(1) Abrir la mente

Para interactuar adecuadamente, debemos tener una mente abierta y, para desarrollarla, tenemos que aprender a valorar las diferencias. Los alumnos comenzarán a apreciarse entre ellos y a pensar positivamente los unos de los otros si los profesores subrayan la importancia de las distintas maneras de concebir las matemáticas, la historia, las ciencias o cualquier otra materia. Muchos profesores lamentan el hecho de que los alumnos no interactúan bien en grupo, pero esto se debe en gran medida a que, al tener las mentes cerradas, piensan que han de encontrar una respuesta o una idea concreta, por lo que la diferencia y la diversidad no son valoradas. Cuando modificamos esta perspectiva, ya sea en niños o en adultos, también cambia la forma en que interactúan con los demás tanto en el aula como en la vida.

Hace algún tiempo, dirigí un estudio de cuatro años de duración con alumnos que habían pasado por varios institutos de enseñanza secundaria. En uno de esos institutos se les enseñaba a interactuar adecuadamente en grupo, a escucharse y respetarse unos a otros, así como que las diferentes ideas que compartían eran valiosas. Y algo fascinante sucedió allí, algo a lo que me he referido como la creación de «equidad relacional».[16]

Por lo general, la gente concibe la equidad en función de las calificaciones: ¿Se encuentran todos los alumnos en el mismo nivel? Sin embargo, también he señalado que existe una forma más importante de equidad: la referida al estudio por parte de los alumnos para que interactúen bien y se valoren los unos a los otros. Sostengo, al igual que otros autores,[17] que uno de los objetivos de la educación debería ser producir ciudadanos que se traten con respeto y que valoren las contribuciones de las personas con las que interactúan, sin importar raza, clase social o género, y que se comporten con un sentido de la justicia, teniendo en cuenta las necesidades de los demás en el seno de la sociedad. Un primer paso para producir ciudadanos que actúen de esa manera debería ser la creación de aulas en las que los alumnos aprendan a actuar en consecuencia, porque sabemos que, en las aulas escolares, el alumnado adquiere mucho más que los conocimientos referentes a las asignaturas.

Extiendo la noción de equidad a las relaciones entre los alumnos en la suposición de que la forma en que aprenden a tratarse y respetarse unos a otros repercutirá en las oportunidades que brinden a los demás en su vida, dentro y fuera del ámbito educativo. Los profesores del instituto que fue objeto de mi estudio trataban de crear un entorno en el que los alumnos se respetasen los unos a los otros, empezando por los contenidos: los alumnos tenían la costumbre de compartir sus diferentes ideas sobre el contenido que estaba siendo abordado, tal como demuestran los comentarios efectuados por dichos alumnos. Cuando el entrevistador les preguntó «¿Qué creéis que se necesita para tener éxito en matemáticas?», estas fueron algunas de sus respuestas:

- Ser capaz de trabajar con otras personas.
- Tener una mente abierta, escuchar las ideas de todos.
- Hay que escuchar las opiniones de los demás, porque uno podría estar equivocado.

Los padres de alumnos con notas altas se quejaban en ocasiones de que sus hijos estaban siendo utilizados para educar a otros; sus hijos eran capaces de abordar el material con la misma facilidad si trabajaban solos. Pero a estos alumnos se les enseñaba que el hecho de ser una comunidad, como una clase, implica cuidar los unos de los otros. De ese modo, desarrollaron una perspectiva importante sobre su responsabilidad hacia los demás. Uno de ellos dijo:

> Siento que es mi responsabilidad, porque si sabes hacer algo, y otra persona no lo sabe, creo que lo correcto es mostrarle cómo hacerlo. Es justo que él obtenga lo mismo que tú, puesto que todos estamos en la misma clase.

A pesar de los temores que este enfoque suscitaba en algunos padres de alumnos con notas altas, los alumnos que más mejoraron en matemáticas fueron precisamente ellos.[18] Pero no solo aumentaron su rendimiento más que otros alumnos de su instituto, sino también más que los de los otros institutos tradicionales que también fueron estudiados. Su éxito se debía al tiempo que dedicaban a explicar el trabajo a los demás, lo cual es una de las mejores oportunidades que existen de que los alumnos se comprendan más profundamente a sí mismos. Una parte importante del respeto que los alumnos desarrollaron entre ellos provenía de enseñarles a ver los contenidos de una manera más abierta y a valorar las diferencias. De igual modo que la información sobre la mentalidad enseña a los alumnos a cambiar desde el pensamiento fijo a la mentalidad de crecimiento, la enseñanza del respeto hacia las diferentes ideas relacionadas con los contenidos conduce a valorar la diferencia y la diversidad en otras áreas. Valorar tanto el crecimiento como la diferencia es una herramienta poderosa para abrir la mente.

Holly Compton, una profesora que ya hemos presentado en el capítulo 4, dijo a sus alumnos de quinto de primaria: «Cada uno tiene una manera diferente de enfocar las cosas, y siempre se puede aprender y crecer». Según me confirmó, estas ideas habían conseguido que los alumnos fuesen menos egocéntricos. En sus interacciones actuales, en lugar de insistir en su propia forma de pensar o de trabajar y de cerrarse porque los demás tienen una idea diferente, los alumnos piensan: «Bueno, así es como yo pienso, pero sé que los demás pueden pensar de otra manera». Esta aceptación de las distintas formas de pensar ha llevado a una mayor tolerancia y aprecio mutuo. Como Holly señala:

> Son conscientes de que otras personas también tienen buenas ideas y saben que deben abrir su mente para escuchar las soluciones que puedan aportar, porque esa podría ser una idea nueva en la que ellos aún no han reparado. Así pues, esa mentalidad que dice «Oye, tal vez tu idea es algo que yo podría añadir a mi idea» es muy importante para los alumnos.

Muchos reformadores educativos que se esfuerzan por cambiar las experiencias de los estudiantes en el aula se centran en los contenidos, tratando de encontrar nuevas maneras de abordarlos y a menudo utilizando tecnología de vanguardia. Pero imaginemos cómo sería el aprendizaje y la vida de los alumnos más allá de la escuela si aprendiesen a colaborar con otros de manera más productiva, entablando conversaciones con una actitud abierta y escuchando e intentando entender lo que los demás tienen que decirles. Esto no solo cambiaría la dinámica del aula, sino también muchos otros aspectos de la vida de los alumnos.

Holly refiere una conversación que escuchó por casualidad:

Hoy me encontraba en una clase en la que los niños cuestionan el pensamiento de los demás y donde un niño, a pesar de estar en desacuerdo con otro, le dijo:

—Creía que sabía lo que pensabas. Creía que pensabas eso, pero en realidad pensabas esto otro.

—Es verdad, eso era lo que pensaba —respondió el otro niño.

¡Y eso que eran de primer curso! Se presume que no pueden asumir la perspectiva de los demás cuando son tan pequeños.

El hecho de que los alumnos de primero de primaria aprendan acerca de la mentalidad creativa y la multidimensionalidad les hace tener en cuenta las perspectivas de los demás y también abre caminos diferentes —e ilimitados— para ellos.

En el capítulo 3, he citado una investigación que pone de manifiesto que las personas que desarrollan una mentalidad de crecimiento se tornan menos agresivas con otras personas. Es interesante señalar que esto se debe a un cambio en el modo en que se consideran a sí mismas. Según la investigación, quienes tienen una mentalidad fija piensan que no pueden cambiar y, por lo tanto, se sienten más avergonzados por sus propias acciones, lo que probablemente los torna más agresivos. Pero, cuando aprenden que nada es permanente y que el cambio es posible, sienten menos vergüenza de sí mismos y comienzan a ver a los demás de manera distinta. Dejan de verlos, incluso a sus adversarios, como individuos intrínsecamente malvados y empiezan a percibirlos como personas que simplemente toman malas decisiones, pero que pueden cambiar. Esto hace que las tendencias agresivas se desvanezcan y se vean reemplazadas por el perdón.

Este tipo de cambios profundos se originan en la apertura de perspectiva, en la apertura mental. Probablemente solo estamos empezando a comprender cómo un cambio de creencias, que va desde resistirse a las diferencias y al crecimiento potencial hasta llegar a aceptarlos, impacta en el modo en que interactuamos en el mundo. Hemos visto que este cambio de creencias mejora el aprendizaje y la salud y disminuye los periodos de conflicto. Si los alumnos y los niños colaboran entre sí en la creencia de que cualquiera puede cambiar y crecer y de que se deben valorar las ideas distintas, esto cambiará drásticamente las interacciones que se produzcan a partir de ese momento.

(2) Abrir los contenidos

Hemos señalado la importancia de abrir la mente para que los alumnos y otras personas aprecien la diferencia y la diversidad. Una manera importante de que adquieran esta perspectiva es enseñar abiertamente el contenido de las materias académicas. Del mismo modo, cuando se anima a las personas en el ámbito empresarial a apreciar las opiniones y los puntos de vista múltiples, empiezan a verse a sí mismos, y también a los demás, de forma diferente.

En un taller de verano que llevamos a cabo hace ya algunos años, y en el que participaron 84 alumnos, empecé a reflexionar más profundamente sobre las conexiones entre la mentalidad creativa, el tratamiento abierto de los contenidos y la forma en que interactúan las personas. Durante ese verano, observamos que los alumnos compartían respetuosamente sus ideas entre ellos, dando lugar a un trabajo productivo en grupo. Ese trabajo grupal, en el que se ayudaban mutuamente y discutían de manera adecuada las ideas, contribuyó a su aprendizaje y su alto rendimiento.

Los alumnos dijeron a los entrevistadores que, a diferencia de lo que ocurría en la escuela, el trabajo en grupo funcionaba bien en nuestro campamento. Los entrevistadores preguntaron entonces cuál era la diferencia, y ellos explicaron que, en la escuela, mientras una sola persona hacía todo el trabajo, los demás hablaban sobre ropa, por ejemplo. Pero, en nuestro taller, el trabajo en grupo empezaba con una ronda de opiniones en la que se preguntaban unos a otros: «¿Qué te parece? ¿Cómo lo enfocarías?». Cuando los alumnos emprenden el trabajo grupal compartiendo su perspectiva y su manera de ver un problema, se sienten implicados e incluidos en el trabajo, lo cual es el comienzo perfecto de las interacciones grupales.

A medida que los participantes en nuestro campamento aprendían que un abordaje multidimensional es una buena manera de estudiar matemáticas, comenzaron a valorar el modo en que los demás veían y resolvían los problemas matemáticos. Esto hizo que se respetasen más los unos a los otros y evitasen las ideas negativas que a menudo se generan en el aula, una de las cuales es que algunas personas son más importantes que otras.

Esta sencilla estrategia, consistente en preguntar a los demás cómo ven o cómo interpretan algo, puede ser utilizada en diferentes contextos. Si comenzásemos las reuniones de negocios recabando ideas e interpretaciones, abriéndonos a todas las ideas y sin albergar juicios ni expectativas de obtener una respuesta en particular, la gente se sentiría más valorada y comprendida, lo que cambiaría las relaciones y la productividad. Con independencia de la asignatura de que se trate, los profesores pueden utilizar esta estrategia para ayudar a los alumnos a pensar y aumentar su participación. Es importante subrayar que las conexiones derivadas de este tipo de apertura inicial propician conversaciones más valiosas y, en última instancia, mejoran las relaciones, los pensamientos y el trabajo. Más adelante presento algunas estrategias para ayudar a los profesores a abordar los contenidos de manera abierta, fomentando diferentes interpretaciones e ideas.

(3) Aceptar la incertidumbre

A lo largo de las 62 entrevistas que he realizado para este libro, he constatado con frecuencia una idea que la gente decía que contribuía a desbloquear sus interacciones con los demás. Muchas personas se refirieron al poder de renunciar a la creencia de que siempre debían tener la razón en sus interacciones con los demás, lo cual significa sentirse cómodo con la incertidumbre. Esta nueva perspectiva surgió del aprendizaje sobre el valor que, para nuestro cerebro, tienen los desafíos y los errores. Cuando nos damos cuenta de que la dificultad es productiva, nos abrimos de diferentes maneras, una de las cuales consiste en renunciar a la idea de que tenemos que asistir a todas las reuniones como si fuésemos expertos.

Una de las personas con las que hablé sobre este particular fue Jenny Morrill, quien enseña mindfulness a sus alumnos y ha escrito un libro, junto a Paula Youmell, titulado *Weaving Healing Wisdom*.[19] En el libro ella comparte sus métodos para enfocarse en el momento presente con los alumnos. Cuando entrevisté a Jenny, describió un cambio interesante en sí misma. A pesar de la comprensión, bien asentada, de Jenny respecto del mindfulness, sus propias relaciones cambiaron significativamente cuando también empezó a tener en cuenta el factor de la «ciencia del cerebro».

Antes de reconocer el valor de la dificultad y el desarrollo cerebral, Jenny se «sentía como una isla». Ella me describió una mentalidad que estoy segura que muchos comparten: creer que tenía que ser una experta cuando interactuaba con otras personas y tener miedo a evidenciar su desconocimiento. Como profesora, pensaba que tenía que ser ella la que lo supiera todo en clase. Sin embargo, la perspectiva de Jenny ha cambiado, y ahora abraza la incertidumbre y se abre más a su comunidad de colegas. Parte de este cambio ha implicado abandonar la creencia de que está siendo juzgada. Jenny describió del siguiente modo su nueva perspectiva:

> Estar dispuesta a sentirme incómoda por no conocer algo y saber que no tengo que renunciar a ello solo porque no lo entienda de inmediato. Dispongo de otros recursos que puedo utilizar para promover mi proceso de aprendizaje como educadora y como persona. En lo que a mí respecta [...], siempre me sentía como una isla y tenía que parecer que sabía [...]. Creo que, en mi caso, ha cambiado la forma en que me desenvuelvo en la vida, puesto que ahora me parece que escucho mejor. Siento que la colaboración me hace crecer y aprender, así que me parece que he descubierto una manera distinta de conectar con mi comunidad de compañeros para mejorar mi aprendizaje. De hecho, compartir es aprender realmente. La idea de dejar de juzgar y de reconocer tu propia valía me ha cambiado como persona.

No sé por qué Jenny sentía antes que tenía que ser «una isla», pero su nueva y más abierta postura —colaborar con otros, escucharlos, mostrarse vulnerable y aprender de ellos— ha mejorado su vida de manera ostensible. Jenny me comentó que ahora reconoce que puede aprender de sus alumnos, así como de otros adultos, y que ya no piensa que sea la única experta en clase y anima a los alumnos a tomar la iniciativa. Al adoptar esta perspectiva, no solo provoca profundos cambios en sus alumnos, sino también en sus propias colaboraciones con colegas y amigos.

Uno de los cambios importantes que muchos de los entrevistados describen es que son más creativos a la hora de afrontar obstáculos. En lugar de fingir que saben o que entienden algo que no saben, buscan los recursos necesarios. Jenny me habló de algunos de los recursos que utiliza en el momento actual:

Ahora sé que puedo presentarme ante los demás sin tener que saber necesariamente, sino que puedo recurrir a mi intuición, utilizar a mis colegas, buscar en Google, visionar un vídeo, visitar un canal de YouTube para ver un vídeo sobre cómo explicar una operación matemática o cosas así... Nunca dejo de aprender. En el pasado, sentía que tenía que entrar por la puerta sabiéndolo todo. Esa era mi mentalidad fija. Tenía que parecer que todo estaba comprendido, dominado y bajo control, y esa no es necesariamente la forma en que hago las cosas en el presente. Así pues, me he liberado de esa carga... No respondo a los cambios con tanta tensión como antes. Estoy más abierta a reconocer que experimento algo que, si bien de entrada me resulta incómodo, puedo aprender a utilizar. Cuanto más relajada estoy, mejor gestiono las cosas.

Este nuevo enfoque —es decir, abrazar la incertidumbre y buscar recursos para aprender más, en lugar de pretender saberlo todo— parece mejorar la conexión de las personas entre sí, así como su forma de estar en el mundo.

Abordar los contenidos con incertidumbre y vulnerabilidad es un rasgo que también recomiendo a los profesores con los que trabajo. Cuando los alumnos ven que su profesor presenta correctamente el contenido todo el tiempo, sabiendo siempre la respuesta a cualquier pregunta de los alumnos, teniendo siempre razón y sin nunca cometer errores ni experimentar dificultades, se crea una falsa imagen de lo que significa ser un buen alumno en cualquier asignatura. Los profesores deben aceptar la incertidumbre y estar abiertos a no saber algo y equivocarse.

Los profesores debemos compartir esta situación con los alumnos para que sepan que esos momentos son parte insoslayable de la experiencia. Cuando enseño a mis alumnos en Stanford, les planteo problemas abiertos de matemáticas para que los exploren. Y ellos los abordan desde múltiples perspectivas, algunas de las cuales son novedosas para mí. Lo que hago entonces es abrazar esos momentos y admitir mi ignorancia, diciendo: «Qué interesante. Nunca lo había visto de ese modo. Explorémoslo juntos».

Compartir la incertidumbre es una estrategia importante para alumnos, directivos, profesores y padres. Comprobaremos que, cuando somos vulnerables y admitimos que no entendemos una cuestión concreta, eso promueve la participación de otras personas y pronto todo el mundo compartirá cosas de manera abierta y productiva. Los padres, por ejemplo, tenemos que discutir las ideas con nuestros hijos, no como si nosotros fuésemos los únicos expertos, sino como compañeros de pensamiento. Si pedimos a nuestros hijos que nos enseñen cosas, eso les gustará, les enorgullecerá y mejorará su aprendizaje.

Admitamos ante nuestros hijos que, si bien no sabemos algo, tenemos alguna idea sobre cómo averiguarlo. Pero nunca finjamos que sabemos algo que no sabemos. Es mucho mejor modelar una mentalidad de descubrimiento, de investigación, de curiosidad y no sentirnos incómodos ante la incertidumbre, porque eso permite descubrir cosas nuevas. En ocasiones, les digo a mis alumnos de Stanford que no sé qué hacer ante un determinado problema matemático y les pido que me muestren cómo resolverlo. Siempre disfrutan de esto y aprenden mucho. Se dan cuenta, por ejemplo, de que la incertidumbre, combinada con el deseo de aprender, es un buen abordaje para adoptar en cualquier situación de aprendizaje.

En el caso de que seamos estudiantes y no tengamos a nadie con quien contrastar nuestras ideas, podemos encontrar la manera de conectar *online*, uniéndonos a salas de chat y comunicándonos con otras personas en las redes sociales, para formularles cualquier pregunta que tengamos. Hace unos meses invitamos a varios seguidores de youcubed a un grupo de Facebook, que cuenta ahora con 18.000 participantes. Me encanta ver las maneras en que los miembros de ese grupo se formulan preguntas abiertamente, incluso preguntas de las que se espera que los profesores sepan las respuestas. En ocasiones, hay profesores de matemáticas que admiten no entender ciertos aspectos de las matemáticas, y entonces aparecen 20 personas diferentes para prestarles su ayuda y discutir las ideas con ellos.

Siempre admiro a la gente que formula preguntas, porque demuestran que están lo suficientemente abiertos como para mostrarse vulnerables y dirigirse a los demás. Otras veces la gente simplemente comparte algo en lo que está trabajando e invita a otros a compartir sus ideas, lo que también me encanta. En lugar de ver como competidores a aquellos con los que trabajamos o con los que estudiamos, los consideramos colaboradores, personas a las que podemos abrirnos y con las que podemos forjar conexiones permanentes. Una mente abierta, la voluntad de abrazar la dificultad y la necesidad de explorar muchos puntos de vista diferentes son la clave de este enfoque capaz de transformar nuestra vida.

ESTRATEGIAS PARA FOMENTAR UNA COLABORACIÓN SIN LÍMITES

Cuando enseño a alumnos de cualquier edad —ya sean estudiantes de secundaria o de licenciatura—, recurro a una serie de estrategias para promover la buena comunicación, estrategias que pueden ser utilizadas en el ámbito laboral o en el aula por profesores y por alumnos. En primer lugar, siempre llevo a cabo un ejercicio de reflexión sobre los gustos y las aversiones de la gente con respecto al trabajo en grupo. Este es el primer paso antes de pedir a los estudiantes que colaboren en la resolución de un problema.

Les pido que formen grupos y expongan las cosas que no les gusta que hagan los demás cuando trabajan juntos en un problema. A los alumnos siempre se les ocurren ideas interesantes. Y es muy importante que tengan la oportunidad de expresarlas en voz alta, diciendo, por ejemplo: «No me gusta que nadie me diga la respuesta», «No quiero que me digan que es fácil», «No me gusta que la gente trabaje más rápido que yo» o «No me gusta que desprecien mis ideas». Así pues, selecciono una frase de cada grupo presente en el aula y luego escribo en un panel las ideas que he recogido.

A continuación, les pido que compartan las cosas que les gusta que la gente haga cuando trabajan juntos. «Me gusta que los demás me pregunten, en lugar de mostrarme la manera de hacer algo», «Me gusta que todos compartamos ideas» y «Me gusta que los otros escuchen mis ideas». Entonces selecciono una frase de cada grupo y la escribo en otro panel, diciendo a los alumnos que, durante un determinado periodo, ambos paneles estarán en el aula como un recordatorio del trabajo conjunto.

La segunda estrategia que utilizo la aprendí de la educadora y amiga Cathy Humphreys, quien a su vez la aprendió de otros educadores de matemáticas en Inglaterra. Aunque la aplico en mis clases de matemáticas, podría ser empleada en cualquier otra asignatura. Se trata de un enfoque que enseña a los alumnos a razonar adecuadamente. El razonamiento −exponer ideas diferentes, defenderlas y explicar las conexiones existentes entre ellas− es importante en cualquier área temática. Si bien los científicos suelen probar sus teorías buscando casos en que funcionen o bien refutándolas con casos en los que no funcionan, los matemáticos prueban las cosas mediante el razonamiento.

Así pues, enseño a los alumnos que es importante razonar bien, exponiendo las ideas y las conexiones entre ellas. También les enseño la conveniencia de convencer a los demás y que existen tres niveles para conseguirlo. El nivel más fácil o más bajo es convencerse a uno mismo, el siguiente nivel es convencer a un amigo, mientras que el nivel más alto consiste en convencer a un escéptico.

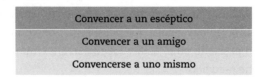

También les digo que quiero que se muestren escépticos los unos con los otros, formulando preguntas del tipo: «¿Cómo sabes que funciona?» y «¿Puedes probarlo?». A los participantes en nuestra escuela de verano les encanta mostrarse escépticos entre ellos, asumiendo plenamente ese papel, y las aulas están llenas de alumnos que plantean preguntas y que las razonan. Esto nos alegra especialmente, porque sabemos que, para conectar con la idea que tiene otra persona, en matemáticas o en cualquier otra materia, se requiere un nivel muy profundo de comprensión.

Aunque la colaboración puede ser extremadamente atractiva para los alumnos, también he conocido a muchos que odian trabajar en grupo. Esto se debe a que no han tenido buenas experiencias con ese tipo de trabajo. Es muy probable que los grupos no estuviesen bien organizados, que los alumnos tuviesen problemas por cerrarse en sí mismos o que no se les haya enseñado a escuchar, ser respetuosos y tener una mente abierta. Sin embargo, para la gran mayoría, los temas cobran vida cuando se debaten y piensan en las diferentes maneras en que pueden abordar los problemas, por qué funcionan sus ideas y cómo aplicarlas.

Son muchas las personas que creen que la esencia del aprendizaje de alta calidad reside en trabajar solo y en estudiar muy duro. Las representaciones que hacen los artistas del pensamiento y el aprendizaje suelen ser cuadros y estatuas de individuos que piensan afanosamente. *El pensador* de Rodin es uno de los ejemplos más célebres: un hombre sentado con la barbilla apoyada sobre su puño, aparentemente enfrascado en un pensamiento profundo. Sin embargo, pensar es un acto inherentemente social. Incluso cuando leemos un libro a solas, estamos interactuando con los pensamientos de otra persona. Por eso es muy importante —y quizá sea la esencia del aprendizaje— desarrollar la capacidad de conectar con las ideas de los demás, de incorporarlas a nuestro pensamiento y de proyectarlas en nuevas áreas.

Cuando aceptamos la incertidumbre, dejamos de fingir que lo sabemos todo, buscamos recursos para aprender más y nos abrimos a una manera diferente de estar en el mundo. Esto —que parece ser la principal cualidad de la ausencia de límites— es algo que suelo observar en mis colegas de Stanford. Hay personas que, cuando se enfrentan a un reto, se rinden, diciendo, por ejemplo: «No sé cómo utilizar este programa informático». Otros, en cambio, afrontan el mismo desafío, diciendo: «No conozco este programa, pero lo estudiaré, buscaré tutoriales y consejos y aprenderé a utilizarlo. No hay de qué preocuparse». Me encuentro con estos dos enfoques a menudo y siempre observo con admiración que quienes aceptan nuevos retos o aplican a su aprendizaje un enfoque ilimitado, terminan consiguiendo más y aprovechando un abanico más amplio de oportunidades.

La presión que siente la gente de que tiene que saberlo todo es muy real, pero es algo que muchas personas afirman dejar de experimentar cuando aprenden cómo funciona el cerebro y el valor del esfuerzo y la apertura. ¿Con qué frecuencia asistimos, ya sea a las reuniones o a las aulas, preocupados por no saber lo suficiente? ¿Y cuán estimulante sería si nos congraciáramos con esos momentos de no saber y estuviésemos más dispuestos a aceptar las dificultades? Si la gente abandonara la farsa de que lo sabe todo y, en lugar de eso, abrazase la incertidumbre, dispondrían de una forma diferente de afrontar su jornada y conseguiría interacciones más productivas. Si abordásemos de esta manera las interacciones, contribuiríamos al mejor funcionamiento de las empresas, las amistades se desarrollarían mejor y la gente se relajaría y sería más eficaz en su trabajo.

Aunque las matemáticas suelen presentarse como la asignatura más solitaria de todas, es una disciplina, como todas las demás, basada en establecer conexiones entre diferentes ideas. Las nuevas ideas y directrices provienen de individuos que razonan unos con otros, exponen sus pensamientos y tienen en cuenta la forma en que se relacionan entre sí. Los padres, sobre todo los padres de los alumnos con alto rendimiento, a menudo me dicen: «Mi hijo puede resolver los problemas correctamente. ¿Por qué tiene que explicarlos?». Estos padres obvian un factor importante: las matemáticas tienen que ver con la comunicación y el razonamiento.

Conrad Wolfram, conocido por su trabajo en Wolfram Alpha, un motor computacional de conocimiento, y director de Wolfram Research, me dijo que las personas incapaces de comunicar sus ideas y su pensamiento matemático no le sirven como empleados, porque no pueden tomar parte en la resolución de problemas en equipo. Para resolver problemas en equipo, la gente ha de saber comunicar sus pensamientos para que los demás puedan conectar con ellos. La valoración crítica por parte de varias mentes también protege contra las ideas incorrectas o irrelevantes. Si no podemos comunicar un concepto o formular el razonamiento que nos ha llevado hasta él, no somos particularmente útiles en un equipo que trata de resolver problemas. Estoy segura de que este principio se aplica a todas las materias: las personas que saben explicar y transmitir sus ideas a los demás —ya sea en matemáticas, ciencias, arte, historia o cualquier otra materia— son más eficaces a la hora de resolver problemas y contribuyen en mayor medida a la labor de las empresas y de otros grupos.

Las seis claves presentadas en este libro desempeñan un importante papel a la hora de cambiar el modo en que se comunica la gente entre sí y, en consecuencia, nos procuran multitud de oportunidades en la vida. Son muchas las personas que están demasiado cerradas en sí mismas para ser buenas comunicadoras. Tienen miedo de decir algo inconveniente y les preocupa que lo que digan sea una indicación de su valía que pueda exponerlos al juicio ajeno. Sin embargo, cuando tenemos información sobre el funcionamiento de la mentalidad creativa, el crecimiento del cerebro, la multidimensionalidad y las dificultades, solemos desbloquearnos en este sentido y alcanzar una perspectiva ilimitada que nos permite dejar atrás el miedo a ser juzgados. En lugar de ello, abrazamos la apertura y la incertidumbre y estamos más dispuestos a compartir ideas que, en conjunción con las de otras personas, contribuyan a encontrar soluciones. La colaboración óptima, según parece, comienza adoptando una perspectiva ilimitada de las ideas y las personas y mejora la vida de la gente.

CONCLUSIÓN
VIVIR SIN LÍMITES

TODOS ESTAMOS APRENDIENDO DE CONTINUO. Aunque las escuelas y universidades sean los lugares que más asociamos con el aprendizaje, no son los únicos en los que este tiene lugar. Nuestra vida está plagada de experiencias de aprendizaje, y es en la miríada de oportunidades para conectar de manera diferente, tanto con las ideas como con las personas, donde radica la posibilidad de aprovechar las claves contenidas en este libro. Mi propósito al escribirlo ha sido equipar al lector con herramientas que mejoren sus interacciones, de manera que lleve una vida tan plena como sea posible y le ayuden a desbloquear a otras personas, compartiendo la información aquí descrita.

El estudioso suizo Etienne Wenger ha creado un contexto importante para hacer que la gente conciba el aprendizaje de manera distinta. Según afirma, aprender algo no se limita a simplemente adquirir conocimientos o acumular hechos e información, porque el aprendizaje también nos cambia como personas.[1] Cuando adquirimos nuevas ideas, vemos el mundo y pensamos e interpretamos cada evento de nuestra vida de manera distinta. Como señala Wenger, el aprendizaje es un proceso de formación de la identidad. Los psicólogos solían concebir la identidad como un concepto estático, sosteniendo que todos tenemos «una» identidad que desarrollamos en nuestra infancia y que mantenemos a lo largo de la vida. Sin embargo, estudios más recientes otorgan a la identidad un significado más fluido, sugiriendo que podemos mostrar diferentes identidades dependiendo de los diversos contextos en que se desenvuelve de nuestra vida. Podemos, por ejemplo, presentarnos de manera distinta como miembros de un equipo deportivo a como lo hacemos en nuestro trabajo o al asumir un rol familiar. He escrito este libro porque sé que, cuando tenemos información sobre el crecimiento del cerebro, la mentalidad creativa y el pensamiento multidimensional, profundo y colaborativo, se desbloquean determinados aspectos de nuestro verdadero yo. Y, si bien estas ideas no nos convierten en personas diferentes, pueden liberar lo que ya estaba en nosotros, lo que siempre ha estado al alcance de nuestras posibilidades pero que, en muchos casos, no se había hecho realidad.

En la preparación de este libro, mi equipo y yo entrevistamos a 62 personas, cuyas edades oscilan entre los veintitrés y los sesenta y dos años, procedentes de seis países diferentes. Lo que hice fue pedir, en Twitter, que la gente se pusiera en contacto conmigo si sentían que aprender sobre la ciencia del cerebro, la mentalidad creativa y otros conceptos de los que hemos hablado los había cambiado de algún modo. Mi equipo y yo entrevistamos, durante un periodo de varios meses, a las personas que respondieron a esta invitación. Esas entrevistas me sorprendieron porque esperaba escuchar historias interesantes sobre la manera en que habían cambiado las percepciones y la forma de pensar de la gente y, básicamente, que habían adoptado una mentalidad diferente. Sin embargo, lo que escuché iba mucho más allá de eso. Las personas con las que hablamos describieron las *muchas* maneras en que habían cambiado: en sus relaciones con los demás, en su modo de abordar el aprendizaje y las nuevas ideas, en la manera de comportarse como padres y en el modo en que interactuaban con el mundo.

El primer acicate para el cambio consistió en aprender acerca del crecimiento del cerebro y la ciencia de la neuroplasticidad. Muchos de los entrevistados habían aceptado la idea de que existían límites a su capacidad y que no podían hacer determinadas cosas. Debido a mi especialidad académica y a mis seguidores en Twitter, muchos de ellos se referían a su capacidad para aprender matemáticas, pero podrían haberse referido a cualquier otro tema o habilidad en su vida. Y cuando descubrían que, después de todo, eran capaces de estudiar matemáticas, modificaban sus creencias sobre el aprendizaje en general, dándose cuenta de que todo era posible.

Angela Duckworth fue quien presentó por primera vez el concepto de determinación, es decir, de perseguir una idea en una dirección particular.[2] Pero, si bien la determinación es una cualidad realmente importante, requiere una perspectiva muy restringida y concentrarse en la única cosa que puede granjearnos el éxito. Los atletas que alcanzan un éxito de categoría mundial han tenido que esforzarse, concentrándose en una sola actividad y abandonando las demás. Y la propia Duckworth habla de la necesidad de ser selectivos y de no dispersarse. Pero, si bien eso funciona en algunos casos, no es el mejor enfoque para todos. Aunque conozco a individuos que han seguido un único camino, rechazando todo lo demás, no han alcanzado completamente su sueño, quedando abandonados a su suerte e incapaces de volver a los otros caminos que alguna vez estuvieron a su alcance. La idea de persistencia también tiene un enfoque individual, mientras que los académicos señalan que los resultados más equitativos a menudo provienen del trabajo en común.[3] Cuando los jóvenes rompen las barreras que les impiden destacar, es raro que ese logro tenga un carácter individual y es mucho más habitual que sea fruto del esfuerzo colectivo, proveniente de maestros, padres, amigos, otros miembros de la familia y aliados en la comunidad. La persistencia no capta esta importante cualidad del logro, e incluso puede dar a la gente la idea de que tienen que hacerlo ellos solos, y conseguirlo por medio de su propia determinación inquebrantable.

Pero un abordaje sin límites es algo distinto a ser persistente. Se trata de una libertad de la mente y el cuerpo, de una forma de abordar la vida con creatividad y flexibilidad, que creo que es útil para todos. Las personas que afrontan la vida con una perspectiva ilimitada también son obstinadas y decididas, pero no están necesariamente enfocadas en un solo camino. La libertad y la creatividad pueden conducir a la persistencia, pero esta no lleva a la libertad ni a la creatividad.

Durante la redacción de esta conclusión, me enteré de que en Inglaterra vive un joven increíble llamado Henry Fraser. Primero leí su libro, *Las pequeñas grandes cosas*,[4] prologado por J.K. Rowling, la autora de *Harry Potter*, y luego me puse en contacto con él. El libro detalla el accidente que cambió su vida, cuando se quedó tetrapléjico, en Portugal, tras zambullirse en el mar.

Henry acababa de terminar su penúltimo año de bachillerato; era un entusiasta de los deportes y jugaba en el equipo de rugby de su instituto. Al concluir el curso académico, aceptó una invitación para viajar a Portugal con algunos compañeros del equipo de rugby para disfrutar de unos días de sol y un merecido descanso. En el quinto día de sus vacaciones, se lanzó al agua, se golpeó la cabeza contra el lecho marino y se aplastó gravemente la médula espinal, una lesión que lo dejó incapaz de utilizar los brazos y las piernas.

Los días siguientes los pasó en ambulancias y quirófanos, junto a sus padres, quienes, angustiados, habían sobrevolado Europa para estar a su lado. Al principio de su recuperación, Henry se dio cuenta de lo que los demás ya sabían: fue un duro golpe verse un día en el espejo sentado en una silla de ruedas y completamente paralizado. Se derrumbó y, de pronto, supo que su vida ya no volvería a ser la misma.

Durante la primera fase de la recuperación de Henry, pasó cinco semanas sin ver el exterior de su habitación del hospital y seis semanas sin que se le permitiera comer o beber. Pero, cuando empezó a reponerse, desarrolló una nueva mentalidad que transformó su vida. Al ver la luz del sol por vez primera, una inmensa gratitud brotó en su interior. Respirar aire fresco le hizo extremadamente feliz y leer las palabras de buenos deseos de las tarjetas que le enviaban lo llenó de humildad y agradecimiento. Pero todos estos sentimientos no se detuvieron ahí porque Henry tomó la decisión de ir más allá del remordimiento y, en su lugar, elegir la gratitud. Gratitud es lo último que sentirían la mayoría de las personas en la situación de Henry, pero él, que sigue paralizado de cuello para abajo, afronta cada día con una actitud de felicidad, tratando de aprovechar todas las oportunidades que tiene para aprender. Henry tituló uno de los capítulos de su libro «La derrota es opcional», y su forma de concebir la adversidad es algo de lo que todos podemos aprender muchas cosas.

Después de que Henry se adaptase a su vida en una silla de ruedas, empezó a aprender a pintar, sosteniendo el pincel con su boca. Ahora su impresionante arte se muestra en exposiciones por toda Inglaterra, mientras que su exitoso libro inspira a lectores de todo el mundo. ¿Cómo logró Henry todo eso después de que su vida cambiase tan radicalmente aquel verano? En lugar de hundirse en el abatimiento, se convirtió en alguien extraordinario que, en la actualidad, inspira a millones de personas. En buena medida, eso ocurrió porque creyó que, si lo intentaba, podría conseguirlo.

Cuando Henry tocó fondo aquel día y se vio en la silla de ruedas, probablemente se sintió atrapado y muy limitado, y no le faltaban buenas razones para ello. Pero, en cambio, decidió desbloquearse e ir más allá de sus limitaciones, albergando creencias positivas sobre su potencial y su vida. Al final de su libro, escribe que a menudo le preguntan sobre los días en que «debe» sentirse deprimido y preguntarse «¿por qué a mí?» Y esta es su hermosa respuesta:

Miro a quien me formula la pregunta y le digo que me levanto todos los días agradecido por todo lo que tengo en mi vida [...] y por tener la oportunidad de hacer un trabajo que me encanta. Consigo desafiarme de muchas maneras y en muchos niveles, y siempre estoy aprendiendo y avanzando. No mucha gente puede decir lo mismo. Y, cuando contemplo mi vida de esta manera, me considero sumamente afortunado. ¿Por qué debería sentirme deprimido? Tengo muchos motivos para ser feliz.

No tiene sentido darle vueltas a lo que podría o no haber sido. El pasado ya ha ocurrido y no puede ser cambiado; solo puede ser aceptado. La vida es mucho más simple y más feliz cuando te fijas en lo que puedes hacer y no en lo que no puedes.

Cada día es un buen día.[5]

El enfoque positivo de Henry hacia la vida es una decisión enteramente suya, mientras que su misión de fijarse en lo que puede hacer y no en lo que no puede es un pensamiento que nos será de ayuda a todos si le hacemos caso.

La actitud de Henry de gratitud hacia la vida por todo lo que le ha dado ha sido estudiada por psicólogos y vinculada a una serie de consecuencias positivas. El psicólogo Robert Emmons, especialista en el agradecimiento, ha puesto de manifiesto que el agradecimiento es fundamental para el bienestar de las personas,[6] ya que los individuos que expresan gratitud son más felices, tienen más energía e inteligencia emocional y son menos propensos a sentirse deprimidos, solos o ansiosos.[7] Y lo que es más importante, también ha comprobado que uno no es más agradecido porque se sienta más feliz, sino que puede ser entrenado para ser más agradecido y que la felicidad se seguirá de ello, es decir, cuando los investigadores entrenan a las personas para que se sientan más agradecidas, estas se tornan más felices y optimistas.

La decisión de Henry de agradecer las «pequeñas cosas» ha tenido un profundo impacto en su vida y en lo que ha sido capaz de conseguir, incluso después de que se le haya presentado un gigantesco obstáculo que superar. La vida de Henry ilustra no solo el impacto de la gratitud, sino, más en general, el poder de la autoconfianza para alcanzar lo que muchos considerarían imposible.

Cuando renunciamos a algo y decidimos que no podemos hacerlo, rara vez es debido a limitaciones reales,[8] sino más bien porque decidimos que no podemos hacerlo. Aunque todos somos susceptibles a este tipo de pensamiento negativo e inflexible, nos volvemos particularmente sensibles a él cuando envejecemos y empezamos a percibir que ya no somos tan fuertes, física o mentalmente, como antaño. Dayna Touron, de la Universidad de Carolina del Norte, ha llevado a cabo investigaciones con adultos mayores de sesenta años y ha puesto de relieve que incluso el envejecimiento es, en parte, una cuestión mental.[9] Los adultos que participaron en su estudio compararon listas de palabras para identificar las que coincidían y ordenarlas en dos listas diferentes. Y, si bien podían realizar la tarea utilizando la memoria (algo comprobado por los investigadores), muchos no confiaban en ella y, en su lugar, realizaban una laboriosa comprobación cruzada de listas en busca de palabras similares.

En otro estudio efectuado con personas jóvenes y mayores que debían efectuar diferentes cálculos,[10] los investigadores observaron que los más jóvenes recordaban las respuestas anteriores y las utilizaban, mientras que las personas mayores elegían realizar cada vez los cálculos desde cero. Tal como ocurrió en el primer experimento citado, las personas mayores eran capaces de usar su memoria, pero no confiaban en ella y, por tanto, no la empleaban, lo que limitaba su eficacia. Los investigadores también constataron que la desconfianza y el hecho de no utilizar la memoria limitaban el rendimiento de los adultos en sus actividades cotidianas. Cuando creemos que no podemos hacer algo, nuestros pensamientos restrictivos suelen convertirse en profecías autocumplidas; y, por el contrario, si pensamos que podemos hacerlo, nos tornamos, por lo general, capaces de ello.

El conocimiento de que el cerebro cambia constantemente y de que es posible aprender habilidades complejas a cualquier edad podría ayudar a las personas mayores que piensan que han entrado en decadencia y que no hay nada que puedan hacer al respecto. A medida que envejecen, muchas personas comienzan a creer que cada vez son capaces de menos, y esto condiciona muchas de las decisiones que toman en su vida. Y, debido a que creen que son capaces de hacer menos, de hecho, hacen menos, lo que propicia el declive cognitivo que tanto temen. En lugar de retirarnos a una vida de mínima actividad, la investigación nos dice que nos ayudaría llenar nuestros años de jubilación con nuevos desafíos y oportunidades de aprendizaje. Las investigaciones ponen de manifiesto que las personas mayores que realizan más actividades de ocio tienen un 38% menos de riesgo de padecer demencia.[11]

Denise Park se propuso estudiar el crecimiento del cerebro en las personas mayores y asignó diferentes actividades a distintos grupos, durante quince horas semanales, a lo largo de tres meses.[12] Los grupos aprendieron destrezas, como el bordado de edredones o la fotografía, que requerían seguir instrucciones detalladas y utilizar la memoria y la atención a largo plazo, o bien se dedicaron a actividades más pasivas, como escuchar música clásica. Al concluir los tres meses, solo las personas que estaban aprendiendo a bordar colchas o fotografía mostraron cambios significativos y permanentes en la corteza media frontal, lateral, temporal y parietal, es decir, en todas las áreas asociadas con la atención y la concentración. Son varios los estudios que han señalado los beneficios, en aras a lograr un mayor crecimiento cerebral, de nuevos pasatiempos que impliquen una dedicación prolongada. Emprender un nuevo *hobby* o un curso que conlleve concentración y esfuerzo proporciona a las personas beneficios cerebrales sustanciales que se extienden a lo largo de toda su vida.

Algunas de las personas a las que entrevistamos nos hablaron de una parte realmente importante de trascender los propios límites, esto es, que cuando cambiaban de mentalidad, se daban cuenta de que eran capaces de hacer cualquier cosa y que los demás ya no podían interponerse en su camino. Cuando se enfrentaban a obstáculos, encontraban la manera de sortearlos, desarrollando nuevas estrategias y enfoques para intentarlo. Abandonar nuestras limitaciones y aceptar la idea de que cualquier cosa está a nuestro alcance, cambia muchas facetas de nuestra vida.

Beth Powell ha estado utilizando sus conocimientos sobre el crecimiento cerebral, la multidimensionalidad y la mentalidad para ayudar a los jóvenes con los que trabaja a trazar un nuevo futuro. Powell trabaja en una escuela para alumnos con necesidades especiales y ha sido testigo de lo que ella describe como los «milagros» que ocurren en los alumnos cuando, en colaboración con los profesores, creen en las nuevas posibilidades y en abrir nuevos caminos. Sin embargo, hace poco Beth descubrió que tenía que aplicar su mentalidad de crecimiento a su propia y difícil situación médica.

Beth se vio obligada a dejar de trabajar cuando desarrolló problemas médicos graves y los médicos no acertaban a averiguar qué era lo que le ocurría. Las pruebas que le realizaron no mostraban ningún problema, así que los facultativos concluyeron que no le sucedía nada. En ese momento, muchas personas habrían cedido y aceptado lo que decían los médicos. Pero Beth se dio cuenta de que podía aplicarse a sí misma el enfoque que utilizaba con sus alumnos. Muchas veces los alumnos acuden a ella con serias preocupaciones, intuyendo que algo va mal, si bien los resultados de los test no revelan ninguna discapacidad o área de carencia particular. La respuesta de Beth es considerar a cada alumno como una persona completa, sin tener en cuenta los resultados de las pruebas, y tomar en consideración sus preocupaciones. Beth se aplicó este pensamiento a sí misma y decidió recabar la ayuda de médicos holísticos, los cuales descubrieron la causa de su enfermedad y lograron que, tras recibir la ayuda que requería, se recuperase.

Beth relató que estaba a punto de dejar su trabajo y empezar a recibir la prestación por incapacidad cuando recordó de qué modo los alumnos se transformaban si trabajaban con ellos personas que conocían la capacidad del cerebro para cambiar. Se dio cuenta entonces de que su situación era la misma y de que necesitaba creer en la posibilidad de cambiar su cuerpo y su situación médica, al igual que creía en la capacidad de cambiar de sus alumnos. Eso hizo que Beth encontrase la manera de sortear el obstáculo al que se enfrentaba: la incapacidad de los médicos tradicionales para diagnosticar y tratar su afección. Las acciones que Beth emprendió en ese momento ejemplifican el enfoque de muchas de las personas entrevistadas para superar sus limitaciones. Aunque encontraron obstáculos, desarrollaron una nueva determinación para dar con la forma de sortearlos, negándose a aceptar un no por respuesta y utilizando diferentes métodos y enfoques de los problemas, incluso cuando los demás les decían que aceptasen sus pensamientos limitadores.

Beth ha vuelto a la escuela para ayudar a los alumnos con necesidades educativas especiales a liberarse de las etiquetas y limitaciones con las que han sido diagnosticados. Y afirma que está incluso más comprometida que antes a la hora de ayudarlos, porque ella misma ha pasado por la experiencia de verse anulada. En nuestra entrevista, me comentó algo que me pareció de suma importancia. Me dijo que, cuando los estudiantes son remitidos a su escuela, a menudo se les dice que «tienen problemas de comportamiento tan graves que les incapacitan para aprender». Pero Beth se niega a aceptarlo, sabiendo todo lo que es posible en el caso de darles acceso al aprendizaje y a personas que crean en ellos.

A menudo los profesores me preguntan qué pueden hacer con sus alumnos «desmotivados». Creo firmemente que todos los estudiantes desean aprender y que solo están desmotivados porque alguien, en algún momento de su vida, les ha inculcado la idea de que no pueden tener éxito. Una vez que abandonan esta idea perjudicial y alguien abre un camino de aprendizaje para ellos, desaparece la desmotivación.

La confianza de Beth en sus alumnos proviene de muchos años de observar cambios increíbles en ellos. Debido a que ella enseña desde la perspectiva de una mentalidad de crecimiento y hace uso de estrategias multidimensionales, aunque sus alumnos llegan a su escuela con diferencias de aprendizaje, salen de ella con un nuevo futuro, libres de etiquetas y de percepciones negativas. Beth hacía la siguiente reflexión: «Gracias a la ciencia del cerebro, ahora los milagros son normales para mí».

Abrazar el conocimiento de que todos podemos cambiar y crecer y que las limitaciones no son aceptables es la primera clave para abrirnos y afrontar la vida con una nueva mente sin límites. Esto a menudo permite que la gente deseche la idea de que no son lo suficientemente buenos. La importancia de este cambio en particular nunca será enfatizada lo suficiente. Muchas personas viven sintiéndose inadecuadas, muchas veces porque un profesor, un jefe o, tristemente, un padre u otro familiar, les ha hecho sentir de esa manera. Cuando la gente cree que no está a la altura exigida, cada fracaso o error no es sino una nueva oportunidad para autocastigarse. Pero, si nos diésemos cuenta de que las ideas negativas y limitadoras son falsas, de que cualquier cambio es posible y de que los momentos de lucha y fracaso son positivos para el crecimiento del cerebro, dejaríamos de avergonzarnos y empezaríamos a sentirnos empoderados.

Una segunda clave importante es saber que los errores y los momentos de dificultad son buenos para nuestro cerebro. Hay dos maneras de enfocar los errores en que incurrimos: negativamente y con pesar, o positivamente, pensando que son una oportunidad para aprender, para el crecimiento del cerebro y para obtener mejores resultados. Practico el enfoque positivo de los errores, teniendo en mente los resultados positivos que se derivan de ellos a diario. En ocasiones, son beneficiosos y se pueden corregir fácilmente. Otras veces, es posible que tengan –de entrada– consecuencias realmente negativas, aunque más tarde suelen propiciar resultados positivos. Los errores forman parte de la vida y, cuanto más valientes sean nuestras elecciones vitales, más errores cometeremos. Aceptar las equivocaciones no supone ninguna diferencia en el número de errores cometidos, pero podemos optar por verlos de forma positiva o negativa. Elegir lo primero nos ayudará a superar nuestras limitaciones.

Martin Samuels es un médico que, a pesar de ejercer una profesión que trata a toda costa de evitar los errores, tiene un enfoque positivo de los mismos. El estamento médico reconoce que las equivocaciones pueden costar vidas, y los médicos publican documentos y directivas que instan a evitarlos a cualquier precio, lo cual supone todo un reto para las personas que, en el campo de la medicina, aspiran a adoptar una postura vital que acepte los errores.

Pero Samuels es un médico inusual que acepta los errores, reconociendo que es gracias a ellos como se desarrolla el conocimiento. En lugar de criticarse a sí mismo por su causa, lleva un registro cuidadoso de sus equivocaciones, las clasifica y las comparte en conferencias y otros lugares. En un artículo de su blog titulado *En defensa de los errores*, afirma que, sin ellos, «no habría evolución del pensamiento médico» y que si, en lugar de temerlos y avergonzarse de ellos, los médicos los aceptasen y los viesen como oportunidades para aprender, de hecho podrían concentrarse en el verdadero enemigo, que es la enfermedad.[13] Este enfoque abierto y positivo hacia los errores ha ayudado a Samuels a aprender de ellos, convirtiéndose en mejor médico y apoyando a otras personas en su camino de aprendizaje y crecimiento.

También es importante abrazar la dificultad y elegir caminos que sean difíciles. Si nos acomodamos en la rutina y hacemos lo mismo todos los días, es poco probable que nuestro cerebro desarrolle nuevas vías y conexiones. Pero si nos desafiamos constantemente y aceptamos el esfuerzo, tratando de seguir nuevos enfoques y de encontrar nuevas ideas, desarrollaremos una agudeza que mejorará todos los aspectos de nuestra vida.

Otra clave importante para vencer nuestros límites consiste en abordar la vida con una perspectiva multidimensional. Esto implica ver las muchas maneras en que es posible afrontar los problemas —y la vida—, lo que promueve el aprendizaje de contenidos en cualquier materia y en cualquier nivel, desde la educación preescolar hasta la universidad, pasando por la vida cotidiana. Si nos hallamos atascados en una determinada tarea o problema, es muy recomendable, para dar con la solución, pensar de manera diferente y adoptar un enfoque distinto, cambiando, por ejemplo, de las palabras a los gráficos, de los números a las imágenes, o de los algoritmos a los diagramas.

En el año 2016, tuvo lugar un acontecimiento notable. Un problema matemático que nunca había sido resuelto, a pesar de los muchos matemáticos que lo habían intentado, fue abordado por dos jóvenes informáticos.[14] El problema consistía en dividir equitativamente un objeto continuo, ya sea un pastel o una porción de terreno, de manera que cada persona implicada quede satisfecha con el trozo que recibe. Muchos matemáticos elaboraron una prueba que, a pesar de funcionar, era «infinita», lo que significaba que había que llevar a cabo millones de pasos, dependiendo de las preferencias de los participantes. Algunos matemáticos concluyeron entonces que la prueba infinita era lo mejor que podían encontrar.

Pero los dos jóvenes decidieron encarar el problema de manera diferente. Aunque carecían de la riqueza de conocimientos que tenían los matemáticos que intentaron resolverlo, fue precisamente esa falta de conocimientos la que les ayudó. No estaban condicionados por lo que sabían, como le ocurría a mucha gente, sino que saber menos les dio más libertad porque les hizo capaces de abordar el problema con creatividad.

Mucha gente habló de la audacia de este evento: la resolución de un persistente problema matemático, no por parte de matemáticos, sino por dos jóvenes sin amplios conocimientos en este campo. Pero el conocimiento a veces puede resultar inhibidor, sofocando el pensamiento creativo[15] y llevando a las personas a utilizar métodos de un dominio del que deberían prescindir. Los dos informáticos que hicieron el descubrimiento creían que su éxito provenía del hecho de que tenían menos conocimientos que otras personas, y que eso les permitió pensar de manera distinta.

Las escuelas, los centros educativos y muchas empresas no solo no fomentan el pensamiento diferente, sino que, en ocasiones, desaprueban y excluyen por completo lo que se aparta de la rutina. Las escuelas están diseñadas para transmitir el conocimiento establecido, aun cuando dicho conocimiento esté obsoleto, no sea la única manera de pensar y tampoco la mejor manera de resolver los problemas. Y esto es algo que debería cambiar.

Antes de que el problema que he mencionado fuese resuelto, los matemáticos creían que no sabían lo suficiente para solucionarlo. Habían renunciado a encontrar una solución efectiva que funcionase en todos los casos y tan solo se limitaron a demostrar que el problema no podía ser resuelto. Sin embargo, el nuevo enfoque del problema por parte de los informáticos allanó el camino para nuevas vías de investigación matemática.

Además de pensar de manera diferente y creativa y de aceptar el cambio, otro aspecto clave de trascender los propios límites pasa por colaborar de manera distinta con los demás. Un modo productivo de conseguirlo consiste en interactuar con otras personas dispuestas a compartir ideas incluso cuando no estamos seguros de ellas, sin pretender que somos expertos. Cuando las interacciones se abordan con apertura para aprender y crecer —y no con la pretensión de parecer que sabemos—, todo el mundo se beneficia de ello.

También es mucho más probable que, si es modelada por gerentes y líderes, la colaboración abierta pueda producirse en empresas y otras instituciones. Si son ellos los que dicen: «No sé nada al respecto, pero me gustaría aprender», otras personas también se animarán a aceptar la incertidumbre y el aprendizaje. Cuando están dispuestos a escuchar y a ampliar su comprensión, a equivocarse y a admitirlo abiertamente, las cosas cambian para quienes trabajan con ellos. Si los gerentes y líderes hacen esto en sus empresas, y los profesores y los padres lo hacen con sus estudiantes y con sus hijos, entonces se generará una cultura de apertura y crecimiento.

Mark Cassar es director de una escuela en Toronto, que trabaja para infundir la noción de mentalidad en el centro que dirige y en el que se imparten clases desde preescolar infantil hasta finalizar la educación primaria. En mi visita a la escuela, me entusiasmó comprobar que las asignaturas se impartían con un enfoque multidimensional. Cuando entrevisté a varios alumnos, de entre siete y diez años de edad, me emocionó oírles hablar del enfoque de la escuela, del ambiente favorable a aceptar los errores y de sus creencias positivas de que podían aprender cualquier cosa.* Las ideas acerca de la mentalidad de crecimiento, la creatividad y la multidimensionalidad, presentadas en este libro, han influido en el trabajo de Mark para transformar la enseñanza, así como en su trabajo como director. En la entrevista que le hice, me

---

* En este enlace podemos ver más detalles sobre el enfoque educativo de Mark y un vídeo de sus alumnos: https://www.youcubed.org/resources/anexampleofagrowth mindsetk8school/

habló de su valorización de los errores y del modo en que eso le ayudaba como gestor:

> Diría que ahora soy mucho menos crítico con los errores que cometo. De hecho, las cosas son más fáciles porque me tomo un tiempo para decirme: «Mark, los errores son adecuados mientras puedas aprender de ellos». Y creo que, como director, adopto un enfoque muy similar con los niños. «Está bien. Los errores son buenos siempre y cuando aprendas de ellos. ¿Qué has aprendido de ellos? ¿Y cómo podemos ser mejores personas para seguir adelante?» Creo que eso me ha cambiado en el ámbito profesional, pero también en el personal.
>
> Cuando, tal como me ocurre a mí, tratas con gente todo el día, es fácil equivocarse, y creo que a veces tener una mentalidad de crecimiento te permite ser más reflexivo y decir: «De acuerdo, ¿cómo voy a gestionarlo y hacer algo diferente la próxima vez?». Pienso que no hubiera podido conseguirlo antes de conocer tu trabajo, pero ahora soy mucho más reflexivo y crítico en aspectos en los que no lo hubiera sido en el pasado.
>
> Recuerdo una época en la que traté con un alumno que cometió un error bastante grande relacionado con su conducta en la escuela. Y fui más bien parcial en el modo en que lo abordé, pensando que yo tenía razón y que él estaba equivocado, solo para descubrir posteriormente, cuando los hechos se aclararon, que era él quien estaba en lo cierto y yo el equivocado. Entonces pensé: «De acuerdo, solo porque yo sea el director, no puedo presumir que no tengo que rendir cuentas ante mí mismo para mejorar. Porque ser el jefe, por así decirlo, no significa que estés más allá de todo reproche, ¿no es cierto?». Entonces me dirigí al alumno y le dije: «¿Sabes? Creo que me he equivocado. Tenías razón. La próxima vez lo gestionaré de otro modo». Esta forma de ver las cosas ha supuesto un gran cambio para mí en el modo en que me comporto cada día.

Mark ha desarrollado una escuela en la que todos los profesores adoptan una mentalidad y un enfoque multidimensional, viendo cómo aumentaba el gusto por el estudio y los logros de los alumnos. Otra parte importante del cambio en el que trabajan juntos es la transformación de la evaluación y los exámenes. Los profesores se han dado cuenta de algo importante: que es absurdo decir a los alumnos que los errores son realmente útiles para el aprendizaje si luego los penalizamos en los exámenes por cada equivocación que cometen.

Los profesores todavía evalúan a los estudiantes, pero en lugar de asignar una calificación poco útil y penalizar los errores, dan lo que a menudo describo como el mejor regalo que los profesores pueden ofrecer: comentarios sobre las maneras de mejorar en función de una nota explicativa (una guía de puntuaciones evaluativas). Mark dijo que, al principio, los alumnos buscaban una calificación y que eso era lo único que les importaba, lo que a menudo es consecuencia de una cultura de desempeño (y no de una cultura de aprendizaje). Pero ahora los alumnos ven el comentario, entienden en qué punto del aprendizaje se encuentran y leen las anotaciones del profesor para saber cómo mejorar. Este cambio en el modo de evaluar es la mejor manera de compartir con los alumnos el mensaje de que lo que valoramos es el crecimiento y el aprendizaje y que estos pueden ayudarlos a mejorar con la debida orientación.[16] En el «Apéndice II», podemos encontrar una de las notas explicativas de la escuela de Mark (más detalles en youcubed.org).

Mark y su equipo docente se esfuerzan en ofrecer a los alumnos un enfoque ilimitado de la vida. Esto, lamentablemente, contrasta con la perspectiva de muchos estudiantes y de muchos adultos que han aprendido a verse a sí mismos y a contemplar sus situaciones de una manera rígida. Algunas personas se han visto atrapadas en una forma negativa de pensamiento por parte de sus padres, que les ha hecho sentir que no son suficientemente buenos. Los niños también pueden permanecer bloqueados y asumir que son incapaces de aprender debido a sus interacciones tanto en el aula como con las personas que no creen en ellos. Pero también se bloquean cuando el contenido es monótono, aburrido y repetitivo y no pueden ver la forma de aprender. Hay innumerables maneras en que el mundo en que vivimos intenta limitar nuestra creencia en nosotros mismos y en nuestro potencial. Pero ahora, con independencia de la situación en la que nos hallemos, disponemos de una mejor comprensión de las claves necesarias para abordar estos obstáculos.

Pasar de creer que existen límites en el aprendizaje y la vida a creer que se puede aprender o lograr cualquier cosa significa cambiar de una mentalidad fija a una mentalidad de crecimiento. Llevar a cabo dicho cambio tiene un efecto transformador en nuestra vida, que nos lleva a dejar de pensar que no somos lo suficientemente buenos para empezar a asumir más riesgos. Si a eso le añadimos el conocimiento de que el esfuerzo y el fracaso son importantes para nuestro cerebro, pudiendo ser considerados como oportunidades de aprendizaje, es posible incluso una mayor liberación que nos permite ver nuestra mente como algo fluido, y no fijo, y percibir infinitas posibilidades. Cuando, además, también aprendemos que es posible adoptar un enfoque multidimensional del contenido académico y de los problemas de la vida y que podemos colaborar con otros como aliados, en lugar de competidores, conseguimos transformar no solo nuestra forma de concebir el potencial, sino también todas las interacciones que impregnan nuestra existencia. Nos damos cuenta entonces de que siempre podemos desarrollar estrategias para superar los obstáculos que se interpongan en nuestro camino.

A medida que nos volvemos más flexibles, fluidos y adaptables, no solo cambiamos nuestra mente, sino también nuestro corazón y nuestro espíritu. Si aparecen obstáculos en nuestro camino, encontramos la manera de sortearlos, negándonos a aceptar los juicios negativos de los demás. Algunos de nosotros no solo cambiaremos nuestra propia vida, sino que empezaremos a vernos a nosotros mismos como líderes y mensajeros que ayudan a otros a vivir una vida sin límites. Hasta los niños que aprenden sobre el crecimiento y el cambio cerebral, sobre los errores y la multidimensionalidad, a menudo comparten ese conocimiento con las personas que les rodean.

El libro de Shawn Achor *La felicidad como ventaja* se propone disipar un importante mito constrictivo. Muchas personas creen que serían más felices si trabajasen más duro, consiguiesen un mejor empleo, encontrasen una pareja perfecta, perdiesen cinco kilos, etcétera (sustituyamos con lo que queramos cualquiera de esos objetivos). Sin embargo, varias investigaciones demuestran que ese es un pensamiento regresivo y que, cuando la gente se vuelve positiva, se torna más motivada, comprometida, creativa y productiva en muchos aspectos. Como señala el autor: «Es la felicidad la que alimenta el éxito, no al revés».[17] Achor ilustra la importancia del pensamiento positivo con una historia de su propia infancia, especialmente encantadora pero poderosa, que quisiera compartir con el lector.

Shawn, que tenía siete años en ese momento, estaba jugando con su hermana de cinco años en la parte de arriba de su litera. Siendo el hermano mayor, le habían dicho que tenía que cuidar de ambos, ya que jugaban en silencio mientras sus padres dormían la siesta. Como hermano mayor, también decidía a qué jugarían, así que sugirió una batalla militar entre sus G.I. Joes y los unicornios y My Little Ponies de su hermana.

Ambos hermanos pusieron sus juguetes en fila, pero, en un momento de emoción, la niña se cayó de la litera. Shawn escuchó el golpe y se asomó para ver que Amy había aterrizado a gatas sobre sus manos y rodillas. En ese momento, él se preocupó no solo de que pudiera estar herida, sino porque veía que estaba a punto de romper a llorar y que despertaría a sus padres. Y esto es lo que recuerda:

> La crisis es la madre de toda invención, así que hice lo único que se le ocurrió a mi frenético cerebro de un niño de siete años. Le dije: «¡Amy, espera! ¿Has visto cómo has aterrizado? Ninguna persona aterriza a cuatro patas... ¡Eres un unicornio!».[18]

Sabía que no había nada en el mundo que su hermana quisiera más que ser un unicornio y, en ese momento, ella decidió no llorar, sino entusiasmarse con su «nueva identidad como unicornio». Una sonrisa se dibujó en su rostro, y se subió de nuevo a la litera para seguir jugando.

Para mí, esta es una historia poderosa, porque ejemplifica que nuestra vida está llena de momentos en los que tenemos la posibilidad de elegir. Podemos elegir entre lo negativo y lo positivo, pero lo que elijamos cambiará nuestra perspectiva y nuestro futuro. No siempre tenemos un hermano mayor que nos dé la idea de que somos un unicornio; en cambio, sabemos cómo gestionar el fracaso, cómo desarrollar una mentalidad positiva, cómo utilizar la multidimensionalidad y la creatividad para resolver problemas y, lo más importante, sabemos que la forma en que respondamos determinará los resultados que obtengamos en el futuro. El cambio de mentalidad no solo cambia la forma en que concebimos la realidad, sino que también cambia la misma realidad.

En mi dilatada experiencia como educadora, he conocido a alumnos –niños y adultos– que se han visto frenados por las limitaciones. Por fortuna, mi trabajo también me ha permitido conocer a niños y a jóvenes que han aprendido que pueden hacer cualquier cosa y que nada los limita, y he observado la manera en que el pensamiento positivo impacta en todo lo que les rodea. Por eso, cuando se caen de la litera metafórica, como a todos nos ocurre alguna vez, no lloran, sino que deciden que son un unicornio.

Así pues, mi último consejo para el lector es que acepte la dificultad y el fracaso, que asuma riesgos y que no permita que otras personas se interpongan en su camino. Si una barrera o un obstáculo se cruza en nuestro camino, debemos encontrar la forma de evitarlo y de adoptar un enfoque distinto. Si desempeñamos un determinado trabajo y deseamos hacer algo que siempre ha hecho otra persona, exploremos esa nueva vía. Si nuestra actividad profesional no nos permite trabajar fuera de unos límites concretos, entonces, tal vez deberíamos buscar otro empleo. No aceptemos una vida llena de límites. En lugar de mirar el pasado y las cosas que han ido mal, miremos siempre hacia delante y seamos positivos acerca de nuestras oportunidades de aprendizaje y progreso. Veamos a los demás como colaboradores con los que podemos crecer y aprender. Compartamos con ellos la incertidumbre y abrámonos a diferentes formas de pensar. Si somos educadores o gestores, averigüemos lo que piensan nuestros alumnos o compañeros. Valoremos las múltiples formas de pensar, ver y trabajar. La parte más bella de la resolución de problemas es la multidimensionalidad, es decir, las muy variadas formas en que cualquier problema puede ser contemplado y resuelto. Es muy importante abrazar y valorar la diversidad de la vida, ya sea en las matemáticas, en el arte, en la historia, en la gestión o en los deportes.

Intentemos vivir un solo día de nuestra vida con un abordaje sin límites y percibiremos la diferencia. Despejemos los caminos de otras personas y sabremos que estamos cambiando su vida para mejor, y ellos a su vez podrán transformar las vidas de otros. Quizá no haya nada más importante para nuestra propia vida o para la de nuestros alumnos que saber que siempre podemos tocar las estrellas. A veces no tendremos éxito, y eso está bien, pero siempre nos ayudará a emprender el viaje, sobre todo si la perspectiva que adoptamos en ese viaje es realmente ilimitada.

AGRADECIMIENTOS

Estoy profundamente agradecida a todas las personas que he entrevistado para este libro —profesores, líderes, padres, escritores, etc.–, quienes me han abierto su corazón y compartido conmigo sus testimonios. Al hacerlo, me mostraron su vulnerabilidad, contándome cómo era su vida antes de conocer estas ideas. Muchos reconocieron que trataban de ser «perfectos» y que tenían miedo a no saber: les dijeron que no eran aptos para las matemáticas o para otras materias, y no se les animó a llevar a cabo un aprendizaje de alto nivel, sino todo lo contrario. También compartieron su proceso de cambio y, en muchos casos, la forma en que ahora inspiraban a otras personas. Aunque no todos los que he entrevistado aparecen en el libro —ya que el espacio es reducido–, estoy profundamente agradecida a todos ellos:

Cherry Agapito

Caleb Austin

Terese Barham

Sara Boone

Angela Brennan

Jennifer Brich

Jim Brown

Heather Buske

Jodi Campinelli

Mark Cassar

Evelyn Chan

Holly Compton

Kate Cook

Stephanie Diehl

Robin Dubiel

Margriet Faber

Kirstie Fitzgerald

Shelley Fritz

Mariève Gagnè

Marta Garcia

Karen Gauthier

Allison Giacomini

Rene Grimes

Margaret Hall

Judith Harris

Suzanne Harris

Leah Haworth

Meg Hayes

Catherine Head

Susan Jachymiak

Lauren Johnson

Theresa Lambert

Linda Lapere

Zandi Lawrence

Lucia MacKenzie

Jean Maddox

Sunil Reddy Mayreddy

Chelsea McClellan

Sara McGee

Shana McKay

Adele McKew

Jesse Melgares

Gail Metcalf

Crystal Morey

Jenny Morrill

Pete Noble

Marc Petrie

Meryl Polak

Beth Powell

Justin Purvis

Nancy Qushair

Sunil Reddy

Evette Reece

Kate Rizzi

Daniel Rocha

Tami Sanders

Jennifer Schaefer

Michelle Scott

Erica Sharma

Nina Sudnick

Angela Thompson

Carrie Tomc

Laura Wagenman

Ben Woodford

Siempre estoy sumamente agradecida a mi familia por cualquier libro que escribo, ya que tienen que aguantar que yo no esté ahí para ellos. Tengo dos hijas increíbles, Ariane y Jaime, que iluminan mi vida todos los días.

También estoy agradecida a la cofundadora de youcubed, mi buena amiga Cathy Williams, quien siempre me ha acompañado en mis ideas y que, en algunos casos, me las dibuja, apoyando y alentando mis pensamientos más disparatados. Cathy, ¡viva la revolución!

Asimismo, ha sido muy importante el equipo dinámico de youcubed, sin cuya ayuda no podría haber escrito este libro. No solo me han ayudado con las entrevistas, sino que han apoyado continuamente todo nuestro trabajo: Montserrat Cordero, Suzanne Corkins, Kristina Dance, Jack Dieckmann, Jessica Method y Estelle Woodbury. Mis alumnos de doctorado Tanya LaMar y Robin Anderson también me brindaron un apoyo y una ayuda inestimables.

Además de los muchos profesores que he entrevistado para este libro, hay docentes que me inspiran a diario. Puede haber algunos que promueven ideas fijas en su alumnado, pero hay muchos otros que creen en los alumnos, que pasan incontables horas preparando lecciones atractivas y que van más allá de lo que razonablemente se le debería pedir a alguien que hace su trabajo. Si diésemos más opciones a los profesores sobre qué y cómo deberían aprender los alumnos, estaríamos en un lugar mucho mejor que ahora. Gracias a todos los profesores con los que he tenido el honor de hablar y de aprender durante los últimos años.

RECURSOS

PARA AYUDAR A CAMBIAR LA MENTALIDAD Y LOS ABORDAJES

Cuatro mensajes inspiradores para los alumnos:
https://www.youcubed.org/resources/four-boostingmessages-jo-students/

Clase *online* abierta, en inglés y en español, para mejorar la mentalidad y el abordaje de las matemáticas por parte de los alumnos:
https://www.youcubed.org/online-student-course/

Una serie de vídeos para alumnos sobre la mentalidad creativa:
https://www.youcubed.org/resource/mindset-boosting-videos/

Película sobre repensar el talento:
https://www.youcubed.org/rethinking-giftedness-film/

Película sobre diferentes experiencias con datos matemáticos:
https://www.youcubed.org/resources/different-experiences-with-math-facts/

Tareas matemáticas creativas con imágenes:
https://www.youcubed.org/tasks/

Pósteres descargables gratuitos:
https://www.youcubed.org/resource/posters/

Dos cursos *online* de matemáticas para padres y profesores:
https://www.youcubed.org/online-teacher-courses/

Serie de libros sobre educación desde la escuela infantil hasta el principio de la enseñanza secundaria:
https://www.youcubed.org/resource/k-8-curriculum/

Varios artículos novedosos, breves e interesantes, sobre las ideas expuestas en este libro:
https://www.youcubed.org/resource/in-the-news/

APÉNDICE I

EJEMPLOS DE ENFOQUES NUMÉRICOS Y VISUALES DE LOS PROBLEMAS MATEMÁTICOS

Estos son dos problemas matemáticos estándar con soluciones visuales. Son el tipo de problemas que, no sin razón, pueden generar en la escuela ansiedad y rechazo hacia las matemáticas. He escrito ampliamente acerca del perjuicio que acarrean los problemas falsos de palabras y los contextos en los que los alumnos deben creer en parte, al tiempo que ignoran todo lo que conocen acerca de la situación real. Echemos ahora un vistazo a las diferentes formas de resolverlos para ilustrar el abanico de posibilidades que se abren cuando pensamos visualmente.

Este problema es una adaptación del utilizado por una maravillosa educadora de matemáticas, Ruth Parker, quien plantea la siguiente pregunta:

Un hombre quiere comprar 1/4 de medio kilo de pavo y entra en una carnicería en la que le dan 3 lonchas que pesan en total de 1/3 de medio kilo. ¿Cuál es la proporción que necesita de esas 3 lonchas?

Abordaje numérico	Abordaje visual
3 lonchas = 1/3 de medio kilo x lonchas = 1/4 de medio kilo 1/3 x = 3/4 x = 9/4	○○○ = 1/3 de medio kilo ○○○ ○○○ = 1/3 de medio kilo ○○○ ○Φ○ ⊖⊕⊖ = 1/4 de medio kilo ○Φ○ (o 2 ¼ lonchas)

El segundo es uno de esos problemas de palabras horribles y poco realistas que llenan los libros de texto de matemáticas:

Jo y Tesha tienen, cada uno, un número de cartas en proporción de 2:3, mientras que Tesha y Holly tienen un número de cartas en proporción de 2:1. Si Tesha tiene 4 cartas más que Jo, ¿cuántas cartas tendrá Holly? Además de dar una respuesta, explica brevemente tu razonamiento.

Abordaje numérico:

Jo y Tesha 2:3

Tesha y Holly 2:1

Las cartas de Tesha y Jo se dividen por 5 con una ratio de 2:3

Tesha tiene 1/5 más que Jo.

Tesha tiene 4 cartas más.

1/5 = 4

1 = 20

Así pues, en total ambos tienen 20 cartas.

Jo tiene 2/5 x 20
y Tesha tiene 3/5 x 20.

Jo tiene 8 y Tesha tiene 12

Tesha y Holly tienen 2:1, de manera que Holly tiene 6 cartas.

Abordaje visual:

Jo y Tesha 2:3   Tesha y Holly 2:1

Jo   Tesha

(estas son las ratios, pero aún no conocemos el valor)

Tesha   Holly

Tesha tiene 4 cartas más que Holly, de manera que ahora asume esta forma.

Jo   Tesha

así que cada bloque = 4

Holly

4 | 2 = 6

APÉNDICE II

Esta es una nota explicativa procedente de la escuela de Mark Cassar. El profesor decide si una alumna ha cumplido con el área de aprendizaje descrita en el apartado «criterio» e incluye *feedback* para la alumna sobre las posibles maneras de mejorar. En el ejemplo proporcionado, la nota también alude a una conversación que el profesor mantuvo con ella para determinar su comprensión.

Problema de los palillos (patrones)
Valoración para aprendizaje

Criterio	1	2	3	4	Feedback
Crear, identificar, extender patrones		✓			«¿Cómo podrías determinar el número de palillos para el sexto término?»
Elaborar tablas de valores a partir de un patrón	✓				Una tabla de valores (gráfico-T) te ayudará a determinar el patrón
Comunicar el pensamiento matemático a través de escritura, imágenes (comunicación y representación) y también oralmente*			✓		Conversación con la alumna «háblame sobre» 22 $\underline{6}$

1 = expectativa no satisfecha
2 = cerca de lo esperado
3 = colma la expectativa
4 = excede la expectativa

«Lo sumo todo para averiguar la cantidad total.»

* Me entrevisto con la alumna; anoto sus cambios en la segunda columna titulada «Feedback».

NOTAS Y REFERENCIAS BIBLIOGRÁFICAS

INTRODUCCIÓN

1. Sue Johnston-Wilder, Janine Brindley y Philip Dent, *A Survey of Mathematics Anxiety and Mathematical Resilience Among Existing Apprentices*. Londres: Gatsby Charitable Foundation, 2014.

2. Sara Draznin. «Math Anxiety in Fundamentals of Algebra Students», *The Eagle Feather*. Honors College, Univ. of North Texas, 1 de enero, 1970. http://eaglefeather.honors.unt.edu/2008/article/179#.W-idJS2ZNMM; N. Betz, «Prevalence, Distribution, and Correlates of Math Anxiety in College Students», *Journal of Counseling Psychology*, 25/5, 1978, págs. 441-48.

3. C.B. Young, S.S. Wu y V. Menon, «The Neurodevelopmental Basis of Math Anxiety», *Psychological Science*, 23/5, 2012: págs. 492-501.

4. Daniel Coyle, *The Talent Code: Greatness Isn't Born. It's Grown. Here's How*. Nueva York: Bantam, 2009.

5. Michael Merzenich, *Soft-Wired: How the New Science of Brain Plasticity Can Change Your Life*. San Francisco: Parnassus, 2013.

6. *Ibid.*

7. Anders Ericsson y Robert Pool, *Peak: Secrets from the New Science of Expertise*. Nueva York: Houghton Mifflin Harcourt, 2016.

8. *Ibid*, pág. 21.

9. Carol S. Dweck, *Mindset: The New Psycholog y of Success*. Nueva York: Ballantine, 2006. [Versión en castellano: *Mindset: la actitud del éxito*. Málaga: Editorial Sirio, 2016.]

10. Carol S. Dweck, «Is Math a Gift? Beliefs That Put Females at Risk»,

en Stephen J. Ceci y Wendy M. Williams (eds.), *Why Aren't More Women in Science? Top Researchers Debate the Evidence*. Washington, DC: American Psychological Association, 2006.

11. D.S. Yeager *et al.*, «Breaking the Cycle of Mistrust: Wise Interventions to Provide Critical Feedback Across the Racial Divide», *Journal of Experimental Psychology: General*, 143/2, 2014, pág. 804.

CAPÍTULO I

1. Michael Merzenich, *Soft-Wired: How the New Science of Brain Plasticity Can Change Your Life*. San Francisco: Parnassus, 2013, pág. 2.

2. Norman Doidge, *The Brain That Changes Itself*. Nueva York: Penguin, 2007. [Versión en castellano: *El cerebro que se cambia sí mismo*. Barcelona: Aguilar, 2008.]

3. *Ibid.*, pág. 55.

4. E. Maguire, K. Woollett y H. Spiers, «London Taxi Drivers and Bus Drivers: A Structural MRI and Neuropsychological Analysis», *Hippocampus*, 16/1, 2006, págs. 1091-1101.

5. K. Woollett y E.A. Maguire, «Acquiring 'The Knowledge' of London's Layout Drives Structural Brain Changes», *Current Biology*, 21/24, 2011, págs. 2109-14.

6. Elise McPherson *et al.*, «Rasmussen's Syndrome and Hemispherectomy: Girl Living with Half Her Brain», *Neuroscience Fundamentals*, http://www.whatsonxiamen.com/news11183.html.

7. Norman Doidge, *op. cit.*, pág. XIX.

8. *Ibid.*, pág. XX.

9. A. Dixon, editorial, *FORUM*, 44/1, 2002, 1.

10. Sarah D. Sparks, «Are Classroom Reading Groups the Best Way to Teach Reading? Maybe Not», *Education Week*, 26 de agosto de 2018, http://www.edweek.org/ew/articles/2018/08/29/are-classroom-reading-groups-the-best-way.html.

11. Sarah D. Sparks, *ibid*.

12. Jo Boaler, *Mathematical Mindsets: Unleashing Students' Potential Through Creative Math, Inspiring Messages and Innovative Teaching*. San Francisco: Jossey-Bass, 2016.

13. Jo Boaler *et al.*, «How One City Got Math Right», *The Hechinger Report*, octubre de 2018, https://hechingerreport.org/opinion-how-one-city-got-math-right/.

14. Lois Letchford, *Reversed: A Memoir*. Irvine, CA: Acorn, 2018.

15. Norman Doidge, *op. cit.*, pág. 34.

16. K. Lewis y D. Lynn, «Against the Odds: Insights from a Statistician with Dyscalculia», *Education Sciences*, 8/2, 2018, pág. 63.

17. T. Iuculano *et al.*, «Cognitive Tutoring Induces Widespread Neuroplasticity and Remediates Brain Function in Children with Mathematical Learning Disabilities», *Nature Communications*, 6, 2015, págs. 8.453. https://doi.org/10.1038/ncomms9453.

18. Sarah-Jane Leslie, *et al.*, «Expectations of Brilliance Underlie Gender Distributions Across Academic Disciplines», *Science*, 347/6219, 2015, págs. 262-265.

19. Seth Stephens-Davidowitz, «Google, Tell Me: Is My Son a Genius?», *New York Times*, 18 de enero de 2014, https://www.nytimes.com/2014/01/19/opinion/sunday/google-tell-me-is-my-son-a-genius.html.

20. D. Storage *et al.*, «The Frequency of "Brilliant" and "Genius" in Teaching Evaluations Predicts the Representation of Women and African Americans Across Fields», *PLoS ONE*, 11/3, 2016, e0150194, https://doi.org/10.1371/journal.pone.0150194.

21. Piper Harron, «Welcome to Office Hours», *The Liberated Mathematician*, 2015, http://www.theliberatedmathematician.com.

22. Eugenia Sapir, «Maryam Mirzakhani as Thesis Advisor». *Notices of the AMS*, 65/10 (noviembre, 2018), págs. 1.229-1.230.

23. En el momento de escribir estas líneas, la película, que puede verse en http://www.youcubed.org/rethinking-giftedness-film, ha tenido 62.000 visitas.

24. Daniel Coyle, *The Talent Code: Greatness Isn't Born. It's Grown. Here's How*. Nueva York: Bantam, 2009, pág. 178. [Versión en castellano: *Las claves del talento: ¿quién dijo que el talento es innato. Aprende a desarrollarlo*. Barcelona, Editorial Zenith, 2009.]

25. Anders Ericsson y Robert Pool, *Peak: Secrets from the New Science of Expertise*. Nueva York: Houghton Mifflin Harcourt, 2016.

CAPÍTULO 2

1. J.S. Moser *et al.*, «Mind Your Errors: Evidence for a Neural Mechanism Linking Growth Mindset to Adaptive Posterror Adjustments», *Psychological Science*, 22/12, 2011, págs. 1.484-1.489.

2. Daniel Coyle, *The Talent Code: Greatness Isn't Born. It's Grown. Here's How*. Nueva York: Bantam, 2009.

3. J.A. Mangels, *et al.*, «Why Do Beliefs About Intelligence Influence Learning Success? A Social Cognitive Neuroscience Model», *Social Cognitive and Affective Neuroscience*, 1/2, 2006, págs. 75-86, http://academic.oup.com/scan/article/1/2/75/2362769.

4. J.S. Moser *et al.*, *op. cit.*

5. Daniel Coyle, *op. cit.*, págs. 2-3.

6. *Ibid.*, págs. 3-4.

7. *Ibid.*, pág. 5.

8. J.S. Moser *et al.*, *op. cit.*

9. Anders Ericsson y Robert Pool, *Peak: Secrets from the New Science of Expertise*. Nueva York: Houghton Mifflin Harcourt, 2016, pág. 75.

10. James W. Stigler y James Hiebert, *The Teaching Gap: Best Ideas from the World's Teachers for Improving Education in the Classroom*. Nueva York: Free Press, 1999.

11. Elizabeth Ligon Bjork y Robert Bjork, «Making Things Hard on Yourself, but in a Good Way: Creating Desirable Difficulties to Enhance Learning», en Morton Ann Gernsbacher y James R. Pomeratz (eds.), *Psychology and the Real World*. Nueva York: Worth, 2009, págs. 55-64, https://bjorklab.psych.ucla.edu/wp-content/uploads/sites/13/2016/04/EBjork_RBjork_2011.pdf.

12. J. Boaler, K. Dance y E. Woodbury, «From Performance to Learning: Assessing to Encourage Growth Mindsets», youcubed, 2018, tinyurl.com/A4Lyoucubed.

13. Daniel Coyle, *op. cit.*, pág. 5.

CAPÍTULO 3

1. O.H. Zahrt y A.J. Crum, «Perceived Physical Activity and Mortality: Evidence from Three Nationally Representative U.S. Samples», *Health Psychology*, 36/11, 2017, págs. 1.017-1.025, http://dx.doi.org/10.1037/hea0000531.

2. B.R. Levy *et al.*, «Longevity Increased by Positive Self-Perceptions of Aging», *Journal of Personality and Social Psychology*, 83/2, 2002, págs. 261-270, https://doi.org/10.1037/0022-3514.83.2.261.

3. B.R. Levy *et al.*, «Age Stereotypes Held Earlier in Life Predict Cardiovascular Events in Later Life», *Psychological Science*, 20/3, 2009, págs. 296-298, https://doi.org/10.1111/j.1467-9280.2009.02298.x.

4. *Ibid.*

5. A.J. Crum y E.J. Langer, «Mind-Set Matters: Exercise and the Placebo Effect», *Psychological Science*, 18/2, 2007, págs. 165-71, https://doi.org/10.1111/j.1467-9280.2007.01867.x.

6. V.K. Ranganathan *et al.*, «From Mental Power to Muscle Power—Gaining Strength by Using the Mind», *Neuropsychologia*, 42/7, 2004, págs. 944-956.

7. N.F. Bernardi *et al.*, «Mental Practice Promotes Motor Anticipation: Evidence from Skilled Music Performance», *Frontiers in Human Neuroscience*, 7, 2013, pág. 451, https://doi.org/10.3389/fnhum.2013.00451.

8. K.M. Davidson-Kelly, «Mental Imagery Rehearsal Strategies for Expert Pianists», *Edinburgh Research Archive*, 26 de noviembre de 2014, https://www.era.lib.ed.ac.uk/handle/1842/14215.

9. D.S. Yeager, K.H. Trzesniewski y C.S. Dweck, «An Implicit Theories of Personality Intervention Reduces Adolescent Aggression in Response to Victimization and Exclusion», *Child Development*, 84/3, 2013, págs. 970-988.

10. P.B. Carr, C.S. Dweck y K. Pauker, «"Prejudiced" Behavior Without Prejudice? Beliefs About the Malleability of Prejudice Affect Interracial Interactions», *Journal of Personality and Social Psychology*, 103/3, 2012, pág. 452.

11. L.S. Blackwell, K.H. Trzesniewski y C.S. Dweck, «Implicit Theories of Intelligence Predict Achievement Across an Adolescent Transition: A Longitudinal Study and an Intervention», *Child Development*, 78/1, 2007, págs. 246-263.

12. J.S. Moser *et al.*, «Mind Your Errors: Evidence for a Neural Mechanism Linking Growth Mind-set to Adaptive Posterror Adjustments», *Psychological Science*, 22/1, 2011, págs. 1.484-1.489.

13. E.A. Gunderson *et al.*, «Parent Praise to 1- to 3-Year-Olds Predicts Children's Motivational Frameworks 5 Years Later», *Child Development*, 84/5, 2013, págs. 1.526-1.541.

14. Carol S. Dweck, «The Secret to Raising Smart Kids», *Scientific American Mind*, 18/6, 2007, págs. 36-43, https://doi.org/10.1038/scientificamericanmind.

15. Carol S. Dweck, «Is Math a Gift? Beliefs That Put Females at Risk», en Stephen J. Ceci y Wendy M. Williams (eds.), *Why Aren't More Women in Science? Top Researchers Debate the Evidence*. Washington, DC: American Psychological Association, 2006.

16. Blackwell, Trzesniewski y Dweck, *op. cit.*

17. Angela Duckworth, *Grit: The Power of Passion and Perseverance*. Nueva York: Scribner, 2016. [Versión en castellano: *Grit: el poder de la pasión y la perseverancia*. Madrid: Ediciones Urano, 2016.]

18. J. Boaler, K. Dance y E. Woodbury, «From Performance to Learning: Assessing to Encourage Growth Mindsets», youcubed 2018, tinyurl.com / A4Lyoucubed.

19. H.Y. Lee *et al.*, «An Entity Theory of Intelligence Predicts Higher Cortisol Levels When High School Grades Are Declining», *Child Development*, 10 de julio de 2018, https://doi.org/10.1111/cdev.13116.

20. Anders Ericsson y Robert Pool, *Peak: Secrets from the New Science of Expertise*. Nueva York: Houghton Mifflin Harcourt, 2016.

21. Carol S. Dweck, *Mindset: The New Psycholog y of Success*, Nueva York: Ballantine, 2006, pág. 257.

22. Christine Gross-Loh, «How Praise Became a Consolation Prize», *The Atlantic*, 16 de diciembre de 2016.

CAPÍTULO 4

1. Alfie Kohn, «The "Mindset" Mindset», *Alfie Kohn*, 8 de junio de 2018, http://www.alfiekohn.org/article/mindset/.

2. V. Menon, «Salience Network», en Arthur W. Toga (ed.), *Brain Mapping: An Encyclopedic Reference*, vol. 2. Londres: Academic, 2015, págs. 597-611.

3. J. Park y E.M. Brannon, «Training the Approximate Number System Improves Math Proficiency», *Psychological Science*, 24/10, 2013: págs. 2013-19, https://doi.org/10.1177/0956797613482944.

4. I. Berteletti y J.R. Booth, «Perceiving Fingers in Single-Digit Arithmetic Problems», *Frontiers in Psychology*, 6, 2015: pág. 226, https://doi.org/10.3389/fpsyg.2015.00226.

5. M. Penner-Wilger y M.L. Anderson, «The Relation Between Finger Gnosis and Mathematical Ability: Why Redeployment of Neural Circuits Best Explains the Finding», *Frontiers in Psychology*, 4, 2013, págs. 877, https://doi.org/10.3389/fpsyg.2013.00877.

6. M. Penner-Wilger *et al.*, «Subitizing, Finger Gnosis, and the Representation of Number», *Proceedings of the 31st Annual Cognitive Science Society*, 31, 2009, págs. 520-525.

7. S. Beilock, *How the Body Knows Its Mind: The Surprising Power of the Physical Environment to Influence How You Think and Feel*. Nueva York: Simon and Schuster, 2015.

8. Anders Ericsson y Robert Pool, *Peak: Secrets from the New Science of Expertise*. New York: Houghton Mifflin Harcourt, 2016.

9. A. Sakakibara, «A Longitudinal Study of the Process of Acquiring Absolute Pitch: A Practical Report of Training with the 'Chord Identification Method», *Psychology of Music*, 42/1, 2014, págs. 86-111, https://doi.org/10.1177/0305735612463948.

10. Thomas G. West, *Thinking Like Einstein: Returning to Our Visual Roots with the Emerging Revolution in Computer Information Visualization*. Nueva York: Prometheus Books, 2004.

11. Claudia Kalb, «What Makes a Genius?» *National Geographic*, mayo de 2017.

12. *Ibid.*

13. M.A. Ferguson, J. Anderson y R.N. Spreng, «Fluid and Flexible Minds: Intelligence Reflects Synchrony in the Brain's Intrinsic Network Architecture», *Network Neuroscience*, 1/2, 2017, págs. 192-207.

14. M. Galloway, J. Conner y D. Pope, «Nonacademic Effects of Homework in Privileged, High-Performing High Schools», *Journal of Experimental Education*, 81/4, 2013, págs. 490-510.

15. M.E. Libertus, L. Feigenson y J. Halberda, «Preschool Acuity of the Approximate Number System Correlates with School Math Ability», *Developmental Science*, 14/6, 2011, págs. 1.292-1.300.

16. R. Anderson, J. Boaler y J. Dieckmann, «Achieving Elusive Teacher Change Through Challenging Myths About Learning: A Blended Approach», *Education Sciences*, 8/3, 2018, pág. 98.

17. *Ibid.*

18. J. Boaler, K. Dance y E. Woodbury, «From Performance to Learning: Assessing to Encourage Growth Mindsets», *youcubed* 2018, tinyurl.com/A4Lyoucubed.

CAPÍTULO 5

1. Claudia Kalb, «What Makes a Genius?» *National Geographic*, mayo de 2017.

2. Sian Beilock, Choke, *What the Secrets of the Brain Reveal About Getting It Right When You Have To.* Nueva York: Simon and Schuster, 2010.

3. Jo Boaler, Cathy Williams y Amanda Confer son autoras de un artículo que contiene consejos sobre diferentes métodos de enseñar matemáticas de manera conceptual y óptima, es decir, sin miedo ni ansiedad: «Fluency Without Fear: Research Evidence on the Best Ways to Learn Math Facts». youcubed, 28 de enero de 2015, https://www.youcubed.org/evidence/fluency-without-fear.

4. E.A. Maloney *et al.*, «Intergenerational Effects of Parents' Math Anxiety on Children's Math Achievement and Anxiety», *Psychological Science*, 26/9, 2015, págs. 1.480-1.488, https://doi.org/10.1177/0956797615592630.

5. S.L. Beilock *et al.*, «Female Teachers' Math Anxiety Affects Girls' Math Achievement», *Proceedings of the National Academy of Sciences*, 107/5, 2010, págs. 1.860-1.863.

6. Laurent Schwartz, *A Mathematician Grappling with His Century*. Basel: Birkhäuser, 2001.

7. Kenza Bryan, «Trailblazing Maths Genius Who Was First Woman to Win Fields Medal Dies Aged 40», *Independent*, 15 de julio de 2017, https://www.independent.co.uk/news/world/maryam-mirzakhani-fields-medal-mathematics-dies-forty-iran-rouhani-a7842971.html.

8. Laurent Schwartz, *op. cit.*, págs., 30-31.

9. Norman Doidge, *The Brain That Changes Itself*. Nueva York: Penguin, 2007, pág. 199. [Versión en castellano: *El cerebro que se cambia a sí mismo*. Barcelona: Aguilar: 2008.]

10. *Ibid.*, pág. 199.

11. K. Supekar *et al.*, «Neural Predictors of Individual Differences in Response to Math Tutoring in Primary-Grade School Children», *PNAS*, 110/20, 2013, págs. 8.230-8.235.

12. E.M. Gray y D.O. Tall, «Duality, Ambiguity, and Flexibility: A "Proceptual" View of Simple Arithmetic», *Journal for Research in Mathematics Education*, 25/2, 1994, págs. 116-140.

13. W.P. Thurston, «Mathematical Education», *Notices of the American Mathematical Society*, 37, 1990, págs. 844-850.

14. E.M. Gray y D.O. Tall, *op. cit.*

15. Jo Boaler y Pablo Zoida, «Why Math Education in the U.S. Doesn't Add Up», *Scientific American*, 1 de noviembre de 2016, https://www.scientificamerican.com/article/why-math-education-in-the-u-s-doesn-t-add-up.

16. Adam Grant, *Originals: How Non-Conformists Move the World*. Nueva York: Penguin, 2016.

17. *Ibid.*, págs. 9-10.

CAPÍTULO 6

1. U. Treisman, «Studying Students Studying Calculus: A Look at the Lives of Minority Mathematics Students in College», *College Mathematics Journal*, 23/5, 1992, págs. 362-372 (368).

2. *Ibid.*, pág. 368.

3. Organización para la Cooperación y el Desarrollo Económico, *The ABC of Gender Equality in Education: Aptitude, Behaviour, Confidence* (París: PISA, OECD Publishing, 2015), https://www.oecd.org/pisa/keyfindings/pisa-2012-results-gender-eng.pdf.

4. *Ibid.*

5. M.I. Núñez-Peña, M. Suárez-Pellicioni y R. Bono, «Gender Differences in Test Anxiety and Their Impact on Higher Education Students' Academic Achievement», *Procedia-Social and Behavioral Sciences*, 228, 2016, págs. 154-160.

6. Organización para la Cooperación y el Desarrollo Económico, *PISA 2015 Results (Vol. V): Collaborative Problem Solving*. París: PISA, OECD Publishing, 2017, https://doi.org/10.1787/9789264285521-en.

7. J. Decety *et al.*, «The Neural Bases of Cooperation and Competition: An fMRI Investigation», *Neuroimage*, 23/2, 2004, págs. 744-751.

8. V. Goertzel *et al.*, *Cradles of Eminence: Childhoods of More than 700 Famous Men and Women*. Gifted Psychology Press: 2004, págs.133-155.

9. Meg Jay, «The Secrets of Resilience», *Wall Street Journal*, 10 de noviembre de 2017, https://www.wsj.com/articles/the-secrets-of-resilience-1510329202.

10. Jo Boaler, «Open and Closed Mathematics: Student Experiences and Understandings», *Journal for Research in Mathematics Education*, 29/1, 1998, págs. 41-62.

11. Jo Boaler, *Experiencing School Mathematics: Traditional and Reform Approaches to Teaching and Their Impact on Student Learning*. Nueva York: Routledge, 2002.

12. J. Boaler y S. Selling, «Psychological Imprisonment or Intellectual Freedom? A Longitudinal Study of Contrasting School Mathematics Approaches and Their Impact on Adults' Lives», *Journal of Research in Mathematics Education*, 48/1, 2017, págs. 78-105.

13. J. Boaler y M. Staples, «Creating Mathematical Futures Through an Equitable Teaching Approach: The Case of Railside School», *Teachers' College Record,* 110/3, 2008, págs. 608-645.

14. Jo Boaler, «When Academic Disagreement Becomes Harassment and Persecution», 12 de octubre, http://web.stanford.edu/~joboaler.

15. Shane Feldman, «Pain to Purpose: How Freshman Year Changed My Life», https://www.youtube.com/watch?v=BpMq7Q54cwI.

16. Jo Boaler, «Promoting "Relational Equity" and High Mathematics Achievement Through an Innovative Mixed Ability Approach», *British Educational Research Journal*, 34/2, 2008, págs. 167-194.

17. John J. Cogan y Ray Derricott, *Citizenship for the 21st Century: An International Perspective on Education*. Londres: Kogan Page, 1988, pág. 29; Gita Steiner-Khamsi, Judith Torney-Purta y John Schwille (eds.), *New Paradigms and Recurring Paradoxes in Education for Citizenship: An International Comparison*. Bingley, RU: Emerald Group, 2002.

18. Jo Boaler y M. Staples, *op. cit.*

19. Jenny Morrill y Paula Youmell, *Weaving Healing Wisdom*. Nueva York: Lexingford, 2017.

CONCLUSIÓN

1. Etienne Wenger, *Communities of Practice: Learning, Meaning, and Identity*. Cambridge: Cambridge University Press, 1999.

2. Angela Duckworth, *Grit: The Power of Passion and Perseverance*. Nueva York: Scribner, 2016.

3. Nicole M. Joseph, comunicación personal, 2019.

4. Henry Fraser, *The Little Big Things*. Londres: Seven Dials, 2018. [Versión en castellano: *Las pequeñas grandes cosas*. Barcelona: Kitsune Books, 2018.]

5. *Ibid.*, págs. 158-159.

6. R.A. Emmons y M.E. McCullough, «Counting Blessings Versus Burdens: An Experimental Investigation of Gratitude and Subjective Well-Being in Daily Life», *Journal of Personality and Social Psychology*, 84/2, 2003, pág. 377.

7. Shawn Achor, *The Happiness Advantage: The Seven Principles of Positive Psychology That Fuel Success and Performance at Work*. Nueva York: Random House, 2011. [Versión en castellano: *La felicidad como ventaja*. Barcelona: RBA Integral, 2011.]

8. Anders Ericsson y Robert Pool, *Peak: Secrets from the New Science of Expertise*. Nueva York: Houghton Mifflin Harcourt, 2016.

9. C. Hertzog y D.R. Touron, «Age Differences in Memory Retrieval Shift: Governed by Feeling-of-Knowing?» *Psychology and Aging*, 26/3, 2011, págs. 647-660.

10. D.R. Touron y C. Hertzog, «Age Differences in Strategic Behavior During a Computation-Based Skill Acquisition Task», *Psychology and Aging*, 24/3, 2009, pág. 574.

11. F. Sofi *et al.*, «Physical Activity and Risk of Cognitive Decline: A Meta-Analysis of Prospective Studies», *Journal of Internal Medicine,* 269/1, 2011, págs. 107-117.

12. D.C. Park *et al.*, «The Impact of Sustained Engagement on Cognitive Function in Older Adults: The Synapse Project», *Psychological Science*, 25/1, 2013, págs. 103-112.

13. Martin Samuels, «In Defense of Mistakes», *The Health Care Blog*, 7 de octubre de 2015, http://thehealthcareblog.com/blog/2015/10/07/in-defense-of-mistakes/.

14. Erica Klarreich, «How to Cut Cake Fairly and Finally Eat It Too», *Quanta Magazine*, 6 de octubre de 2016, https://www.quantamagazine.org/new-algorithm-solves-cake-cutting-problem-20161006/#.

15. Adam Grant, *Originals: How Non-Conformists Move the World*. Nueva York: Penguin, 2016.

16. J. Boaler, K. Dance y E. Woodbury, «From Performance to Learning: Assessing to Encourage Growth Mindsets». youcubed, 2018, https://bhi61nm-2cr3mkdgk1dtaov18-wpengine.netdna-ssl.com/wp-content/uploads/2018/04/Assessent-paper-final-4.23.18.pdf.

17. Shawn Achor, *op. cit.*, págs. 62-63.

18. *Ibid.*

CRÉDITOS Y PERMISOS

«El foso del aprendizaje», de James Nottingham, *The Learning Challenge: How to Guide Your Students Through the Learning Pit to Achieve Deeper Understanding* (Thousand Oaks, CA: Corwin, 2017).

Gráfico: mentalidad de crecimiento *versus* mentalidad fija, rediseñado a partir de L.S. Blackwell, K.H. Trzesniewski y C.S. Dweck, «Implicit Theories of Intelligence Predict Achievement Across an Adolescent Transition: A Longitudinal Study and an Intervention», *Child Development*, 78/1, 2007, págs. 246-263.

Gráfico: alumnos que reciben talleres sobre mentalidad *versus* alumnos que no los reciben, rediseñado a partir de L.S. Blackwell, K.H. Trzesniewski y C.S. Dweck, «Implicit Theories of Intelligence Predict Achievement Across an Adolescent Transition: A Longitudinal Study and an Intervention», *Child Development*, 78/1, 2007, págs. 246-263.

«Redes cerebrales implicadas en la aritmética mental», de V. Menon, «Salience Network», en Arthur W. Toga (ed.), *Brain Mapping: An Encyclopedic Reference*, vol. 2, Londres: Academic, 2015, págs. 597-611.

Conceptos y métodos esquemáticos, rediseñado a partir de E.M. Gray y D.O. Tall, «Duality, Ambiguity, and Flexibility: A "Proceptual" View of Simple Arithmetic», *Journal for Research in Mathematics Education*, 25/2, 1994, págs. 116-140.

ÍNDICE